KB180194

제3의 창업 시대

로컬, 청년, 사회

이 저서는 울산·경남지역혁신플랫폼 스마트공동체 지원사업 및 2021년
대한민국 교육부와 한국연구재단의 지원을 받아 수행된 연구입니다.
(NRF-2021S1A3A2A01096330)

제3의 창업 시대

로컬, 청년, 사회

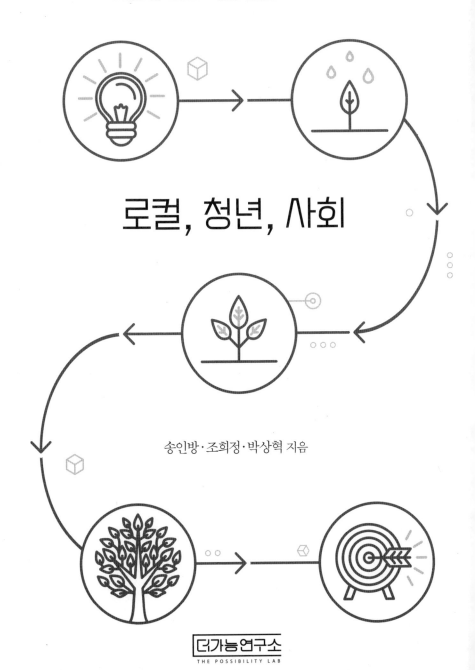

송인방·조희정·박상혁 지음

더가능연구소
THE POSSIBILITY LAB

목 차

머리말 | **왜 지역창업인가** ·11

제1부 | 지역창업 환경

제1장 | 창업 거점과 주체의 위기 ·27

　창업 거점의 위기: 지역소멸 ·27

　창업 주체의 위기: 청년위기 ·42

제2장 | 제3의 창업 시대: 장소·주체·가치의 전환 ·54

　제1, 2의 창업 시대 ·54

　제3의 장소·주체·가치 ·59

　제3의 창업 목적과 유형 ·68

제2부 | **지역창업 사례**

제3장 | **상품판매형 창업** •87

특산품 판매에서 로컬 F&B로 •87

로컬 시제품 제작과 테스트베드 확보의 어려움 •88

시제품과 판로 개척의 티핑포인트: 온라인 콘텐츠 •90

완제품+α: 제작 경험 제공 •92

제4장 | **공간재생형 창업** •93

공간 개조에서 지역문화 기획으로 •93

빈 공간의 가능성과 비전 •95

복합형 공간 매니지먼트 •97

커뮤니티 중심의 공간 제작 •99

유연한 팀 빌딩 •101

등로주의 철학 •103

제5장 | 문화기획형 창업 • 106

　　역전략도 전략이다 • 106

　　예술과 지역·사람·공간 연결 • 108

　　소비자가 아니라 파트너 • 111

　　자생적인 커뮤니티 빌딩 네트워크 • 112

　　마을 맵핑과 마을 이야기 • 114

제6장 | 지역체험형 창업 • 116

　　단순 관광에서 체류와 경험으로 • 116

　　관계인구 정책의 유행 • 118

　　다차원적인 지역 관계 • 120

제7장 | 농업지향형 창업 • 130

　　사회적 농업 확산 • 130

　　개인 경작에서 콘텐츠 창농으로 • 133

　　로컬푸드와 가공식품 창농 • 137

　　창농 커뮤니티 • 142

　　임업 창농 • 146

제8장 | **문제해결형 창업** •149

　　일방향 캠페인에서 사업으로 •149

　　문제해결을 위한 데이터 창업 •153

　　지역을 알리는 새로운 방식 •156

제3부 | **지역창업의 과제**

제9장 | **지역창업의 특징** •161

　　지역성 표출 •161

　　청년의 주도력 •168

　　다주체 지원 •170

제10장 | **지역창업 지원의 과제** ·174

성과중심주의에서의 탈피 ·174

현장 밀착형 행정 지원 ·179

지방 공무원의 자율성 지원 ·182

결론 | **행복한 지역은 친구가 필요하다** ·185

참고 문헌 ·191

왜 지역창업인가

청년의 지역창업, 새로운 등장

연구팀은 지역창업가, 창업지원조직 실무자, 중앙정부와 지방자치단체(이하 지자체) 공무원, 청년활동가 등의 활동을 조사하여 새로운 청년활동이 지역변화에 미치는 영향을 분석하고 있다. 그 연장선상에서 이 책은 2021년 말에 진행된 경남 창업자 인터뷰를 다루고 있다. 물론 여력이 되는 한 어떤 지역이든 연구대상이 될 수 있다.

한편에서는 인구소멸을 바탕으로 지역소멸론이 심화

되고, 한편에서는 그렇게 소멸하는 지역에서 끊임없이 창업이 진행되고 있다. 즉, 지역이 마냥 소멸하는 것은 아니라는 것을 '새로운 창업 움직임'이라는 단 하나의 사실만으로도 증명할 수 있을지 모른다.

이들은 최근 5년여 동안 지역에서 창업하고 있으며, 초기에는 1인 창업이 주를 이루다가 이제는 팀을 이루며 조직 모양새까지 갖추고 있다. 정부 지원이나 은행 융자 외에도 무수한 공모전과 막대한 소셜 벤처(social venture) 투자를 통해 종잣돈(seed money)을 마련하여 사업을 시작하고 유지한다.

공모전이나 정부사업은 직접적인 자산 마련이나 수익 창출 기회라기보다는 사업 수행을 통해 경험과 업력을 높이는 마중물로서의 의미가 있다. 실제로 창업지원의 경우 3년 이상 지원사업은 거의 없는 편이기도 하다.*

＊중소벤처기업부와 창업진흥원이 운영하는 창업지원포털[K-StartUp (https://www.k-startup.go.kr)]에는 3년 이상 사업지원 안내도 있지만 대부분 기술창업 부문에 국한한다.

지역창업이 지역 현실 및 기업구조를 세팅하기까지 안착 기간은 최소 3년이 걸린다. 현재 정부 지원 대부분이 최대 3년 지원에 머물러 있는 것도 같은 맥락이다.

그러나 그 액수가 워낙 화려하게 크고 사업 취지의 구분이 어렵다 보니 일단 '청년'이라는 대상에만 들어갈 수 있으면* 공모전 당선을 목표로 창업자가 되기 위해 너도나도 나서는 형국이다. 그리하여 몇천 명 단위의 마을이나 몇십만 명 단위의 큰 도시 어디서나 창업 열풍이 요란하다.

그러다 보니 '창업이라는 시작'과 '사업이라는 지속가능성'에 관한 우려의 소리가 높다. 대책 없이 창업만 독려한다거나 평균 3년인 지원 기간이 끝난 후 어떻게 살 것인가에 대한 우려가 그것이다.

그런 분위기 속에서도 뚝심 있게 가치를 지키며 자신들

---

*2020년 2월 제정되어 8월부터 시행하고 있는 「청년기본법」 제3조 1항에서는 "'청년'이란 19세 이상 34세 이하인 사람을 말한다. 다만, 다른 법령과 조례에서 청년에 대한 연령을 다르게 적용하는 경우에는 그에 따를 수 있다."라고 밝히고 있다. 즉 정부 기준으로는 19-34세까지 청년이지만 각 지역의 조례기준에 따라 2022년 현재, 49세까지 청년인 지역도 있다.

만의 사업 영역을 확보하여 지역사회와 연결하려는 업체들이 생기고 있다. 즉, 쉴 새 없이 유입되는 돈이 —화려하지만 아무도 이용하지 않는 흉물스러운 건물 조성으로 그저 새어 나가거나 정부사업 수행으로 수익 제로인 상태에 머무르는 것이 아니라— 일정한 흐름을 만들고 사람을 모아서 지역 활력을 불러일으키는 경우도 있다.

자본주의사회에서 기업의 흥망성쇠는 자연스러운 것이 겠으나 청년의 지역창업은 그런 자연스러움과는 다소 다른 위치에 있다. 청년 한 명을 구경하기 어려운 지역이 다수인 우리나라 환경에서 —정부 지원이든 사업체의 의지와 능력이든— 의미 있는 청년업체가 한 곳이라도 옹골차게 만들어진 다면 그것만으로도 (지역소멸이 아닌) 지역의 미래를 기대할 수 있는 근거가 된다. 야무진 청년 한 명을 확보하는 것이 지역발전의 교두보가 될 수 있다는 것을 전국 곳곳에서 확인할 수 있다.

청년의 지역창업, 구조의 복합성

그러나 문제는 그렇게 간단하지 않다. 기존 사업의 공고한 구조에 길든 시각으로 보면 청년 지역창업체는 여전히 아웃사이더다. 사업가로서의 전문성이나 사업체로서의 규모에서 기존 사업형태와 비교할 수 없을 정도로 소소한 수준이다. 그러다 보니 '저들이 뭘 할 것인가'라는 의구심 어린 시선을 받는 것조차 자연스러운 현상이 되어버렸다. 누구의 탓이랄 것도 없이 사회의 인식구조가 이미 공고하게 그렇게 형성되어 있다.

그러나 이 책은 청년의 지역창업이 가지는 다양한 가치 표출과 특징이 공고한 기존 의식구조의 틈새를 넓히고 새로운 가능성을 열 수 있는 강력한 저력을 갖고 있다고 분석한다.

우선, 청년의 지역창업구조는 단지 기존 시장에 유입되는 새로운 업체 형태라는 한 가지 특성만이 아니라 매우 복합적인 특성이 있다는 점을 이해할 필요가 있다.

첫째, 지역에 사회적기업과 소상공인이 그대로 존재하는 가운데 청년 지역창업체가 새롭게 등장했다. 기존 경제주체나 주민들 눈에는 돌아온 청년, 새롭게 등장한 외지 청년의 존재가 낯설다. 위화감과 호기심을 동시에 갖고 이들을 바라본다. 즉, 신구(新舊) 존재 간 공존의 긴장이 발생한다.

둘째, 정부(중앙정부와 지자체), 기업(사회공헌), 대학(산학), 중간지원조직 등 다주체가 청년 지역창업을 지원한다. 다양한 지원 이유가 있겠지만 정부는 지역인구를 늘리고 싶고, 기업은 지역사회에 기여하고 싶고, 대학은 취업률을 높이고 싶고, 중간지원조직은 그러한 지원구조 속에서 현장과 정부를 연결하고 싶어 한다. 이러한 의도들이 청년의 지역창업 목적에 얼마나 부합하는가가 지원이 성공하는 데 중요한 변수가 된다.

즉, 지역 안에 존재하는 기존 주체와의 공존, 그리고 다양한 주체의 지원을 얼마나 효과적으로 소화해내는가가 현재 청년 지역창업구조의 특징이자 과제이다.

청년의 지역창업, 다양한 지역가치 표출

이 책은 경남의 사례를 중심으로 현재 진행되는 청년의 지역창업을 활동 목적별로 상품판매형, 공간재생형, 문화기획형, 지역체험형, 농업지향형, 문제해결형, 미디어형으로 구분했다. 물론 연구팀이 지난 5년간 수집한 자료와 경험연구에 기반한 구분일 뿐 여전히 앞으로 더 많은 유형이 등장할 여지는 남아 있다. 그리고 단순히 유형을 제시하는 것이 이 책의 목표는 아니다.

연구팀이 좀 더 궁금하게 여긴 문제는 지금 진행되는 청년의 지역창업을 과거의 창업과 다르게 평가할 수 있는 것은 무엇인가이다. 그 다름이 지역사회를 과거와 다른 방식으로 좀 더 낫게 만드는 데 영향을 미친다면 그것으로 청년 지역창업에 존재가치가 있다고 판단하고자 한다.

따라서 연구의 도입부인 제1부에서는 우선 지역과 청년을 바라보는 사회 환경을 정리한다. 최근 인구소멸론을 근거로 지역소멸론이 정책으로까지 발전하고 있고, 청년실업을 근거로 많은 청년창업지원이 이루어지고 있다.

그러나 위기론은 위기론 나름대로 문제가 있다. 무엇보다 위기론에 편향된 나머지 새로운 가능성의 모색이 미진하다. 재앙이 코앞에 다가와 있는데, 무슨 허황되고 한가한 희망 타령이냐는 식의 긴장된 시각에만 매몰되어 있다.

또한 사회 전반에서 청년은 영원한 아마추어이며, 청년창업은 청년몰 규모 정도에 머물거나 '예쁜 쓰레기를 만드는 창업 놀이'라는 몰이해가 작동하고 있다.

따라서 어떻게든 생산적인 논의를 이어가려면, 위기론보다는 가능성에 기반하여 청년의 지역창업을 좀 더 체계적으로 자리매김할 필요가 있다. 그래서 제2부에서는 청년의 지역창업을 —과거의 창업과 장소·주체·가치가 다른— 제3의 창업으로 새롭게 개념화하고, 이해를 돕기 위해 각 사례를 소개하였다.

앞서 청년 지역창업의 7개 유형을 소개했지만 이는 하나의 업체가 하나의 유형에만 해당한다고 정태적으로 규정하는 데 그치려는 것이 아니다. 1유형 1업체로 구속하려는 것이 아니라는 말이다. 다만 하나의 업체가 어느 한 유형의 목적을 적어도 다른 부문보다는 51%(반 이상) 이상 표방하고 있으며, 그 목적에만 매몰되는 것이 아니라 해당 유형의 핵심 아이템을 '매개'로 그 이상의 가치 실현을 지향한다는 의미를 담고자 하였다. 중요한 것은 유형 분류가 아니라 각 유형의 사회적 의미와 효과이기 때문이다.

제3장의 상품매개형 창업은 그저 지역특산물을 좀 더 예쁘게 만드는 데 그치는 것이 아니다. 상품을 매개로 지역의 삶을 전달하고, 생산자의 생산철학을 알리며, 지역의 가치를 확산한다는 점에서 과거의 일반적인 특산품 가공상품화 그 이상의 가치를 판매한다는 의미가 있다.

제4장의 공간재생형 창업은 단순히 낡은 공간을 부수고 새롭게 짓는 물리적인 공간 개조에 그치는 것이 아니다. 역사와 스토리가 있는 폐공간을 최대한 얼개를 남겨 함께 재생한 후에 그 공간을 매개로 공간 안에 사람을 모으고 이들과 더불어 새로운 프로젝트를 기획하는 커뮤니티 빌딩 (community building) 효과가 있다.

제5장의 문화기획형 창업은 일방적이고 행사성인 축제나 공연을 벗어나 일단 척박한 지역환경에 '문화'라는 영역 자체를 만들고, 이를 통해 여가를 즐기는 삶, 지역과 만나

는 삶을 형성하고자 한다. 사치스럽고 일부 계층만 즐기는 '그들만의' 문화가 아니라 누구나 즐길 수 있는 '생활'문화 풍토를 지역에 정착시키고자 하는 것이다.

제6장의 지역체험형 창업은 단순한 일회성 관광이나 주말농장 프로그램이 아니다. 이미 유행이 되어버린 한 달 살기, 워케이션(workation) 등을 통해 사람들이 다양한 방식으로 지역에 체류하며 지역을 경험하게 함으로써 '이동'을 매개로 지역 '관계'를 형성한다.

제7장의 농업지향형 창업은 개인 경작에 머무는 고립적이고 고달프고 낙후된 농업이 아니라 사회적으로 열세인 농업의 사업 입지를 역전하여 농업의 가치 확산에 주력하고, 농업에 다양한 콘텐츠를 접목하여 창농하면서 농업 매개 산업과 자연자원의 가치 회복을 도모한다.

제8장의 문제해결형 창업은 환경 문제, 장애인 문제, 교육 문제 등의 해결을 도모하는 창업유형이다. 이는 사회문제가 존재하고 있으니 사회가 관심을 갖고 그것을 해결하기 위해 나서야 한다는 일방적이고 당위적인 캠페인을 진행하는 것이 아니다.

문제를 매개로 소통방식을 다각화하고, 문제 교육, 문제 중심 사업화를 도모하여 우리 사회에 공동 조력 분위기 조성 및 취약층이나 장애인의 실질적인 자립에 기여하고자 한다.

제2부에서는 미디어형을 제외한 이러한 6개 유형에 해당하는 경남의 창업사례를 소개하고 각 창업자의 인터뷰를 통해 이들이 지역사회에 존재하는 의미를 해석한다. 그뿐만 아니라 관련 있는 타 지역의 창업사례도 추가로 소개하면서 각 유형이 표방하는 가치와 독창적 방식을 강조한다.

청년의 지역창업, 남은 과제

제9장에서는 청년 지역창업의 특징을 종합적으로 정리했다. 제3의 창업의 구성 요소를 장소·주체·가치로 보았을 때, 장소 부문에서는 지역성을 표출하고 있고, 주체 부문에서는 청년의 주도력이 강하게 드러나며, 가치 부문에서는 6개 유형에서 풍부한 지역사회 기여 가치가 나타난다고 정리한다. 이에 더하여 개인이나 기업의 기존 사업구조와 다르게

다주체 지원이 이루어지고 있는 것 또한 청년 지역창업의 특징으로 평가한다.

물론 청년 지역창업의 특징만 이야기한 것은 아니다. 지역사회 삶의 질 향상을 위해서는 아직도 많은 과제가 남아 있다. 특히, 이 책에서는 제도적 차원에서 밀착형 지원구조가 형성되어야 하고, 지자체 자율성 확장을 위한 좀 더 전향적이고 실용적인 방법을 모색하는 것이 가장 시급한 선결과제라고 강조한다. 제10장에서는 이러한 제도적 차원의 개선사항을 제언한다.

이 시대의 지역과 사업이 새로운 흐름을 맞이하고 있다면 의구심과 부정보다는 인정과 기대로 그것을 이해하려고 해야 한다. 위기와 불확실한 조건 속에서 가장 역동적으로 도전하는 청년들에게 필요한 것은 돈이나 칭찬만이 아니라 있는 그대로의 존재 인정이다.

이들의 움직임은 살면서 제대로 돌아보지 않았던 지역이라는 거점을 다시 생각할 기회를 제공한다. 이들이 좀 더 활기찬 모습으로 지역에서 살아나갈 수 있도록 지원하는 것은 현재 우리 사회의 과제이다.

함께 망하기보다는 함께 노력하며 희망을 만드는 것이 더 나은 삶의 방식이라는 것은 누구나 아는 상식이다. 모쪼록 이 책이 청년 지역창업에 대해 좀 더 이해하려는 사회 분위기 조성에 기여하기를 바란다.

제1부

지역창업 환경

제1장

창업 거점과 주체의 위기

창업 거점의 위기: 지역소멸

통계와 전망

2020년은 우리나라의 인구 데드크로스(population dead-cross) 원년이다. 이 해에 주민등록인구가 전년도 5,185만 명보다 20,838명 줄어든 5,183만 명이 되었기 때문이다. 사망자 수가 출생자 수를 앞질러버렸다. 사망률은 2019년보다 불과 3% 증가했지만, 출생률은 10% 감소했다.

그 결과, '앞으로는 인구감소세가 더 급속해질 것이고 인구가 없어진 지역은 사라지고 말 것이다'라는 암울한 지역소멸 시나리오가 성립되었다. 근거 없는 말은 아니다. 2020년 이전에도 이런 논의는 있었으며*, 그 연장선상에서 2021년 후반 발표된 세 건의 굵직한 국가통계는 그동안의 지역소멸 논의를 확정하는 더 강력한 근거로 작동하고 있다.

첫째, 감사원·통계청 인구구조변화 대응실태(2021. 8.)에 의하면 2067년 우리나라 총인구는 3,689만 명으로 감소한다. 그 시기에 인구 100만 명 이상 규모의 도시는 서울과 경기 등 수도권 지역뿐이다.

둘째, 행안부는 「국가균형발전특별법」에 근거하여 인구소멸지역 89곳을 고시했다(2021. 10. 19.). 그리고 1년간 1조 원씩 10년 동안 지방소멸대응기금을 집중적으로 투입하기로 했다.**

소멸지역 평가 근거는 연평균 인구증감률(최근 20년 기준), 인구밀도(최근 5년 기준), 19-34세 청년순이동률(최근 5년 기준), 주간인구, 고령화비율(최근 5년 65세 이상 기준), 유소년비율(최근

---

* 2016년 한국고용정보원 보고서는 2040년까지 지역의 30%가 소멸할 것이라고 예측했다(이상호. 2018. 7.). 또한 행정안전부 보도자료에서 인구감소가 거론되기 시작한 것도 2017년이었다.

** 지방소멸대응기금은 광역자치단체에 25%, 기초자치단체에 75% 배분되며, 근거법은 「지방자치단체 기금관리기본법」(2022. 1. 1. 시행)이다(행정안전부 보도자료. 2022. 2. 8.)

5년 기준), 조출생률(최근 5년 기준 인구 대비 출생아 수), 재정자립도(최근 5년 기준) 등으로 구성된 8개 '인구감소지수'였다.[*]

한편, 행안부 발표 2년 전인 2019년 인구 3만 명 미만이거나 k㎡당 인구밀도 40명 미만인 24개 군 지역들이 '특례군법제화추진협의회'를 출범하여 인구소멸지역에 대한 제도적 지원을 요구하고 있다.

셋째, 5년마다 발표하는 통계청 장래인구 추계(2020-2079년, 2021. 12.)에 의하면 2025년 우리나라 고령인구 비율은 20.6%로 초고령사회에 진입하며, 2070년 총인구는 (감사원 예측과 비슷한 수준인) 3,766만 명이 되는데 이는 1979년 총인구와 비슷한 규모이다.

정리하면, 우리 사회는 앞으로 50년 이내에 인구가 1,500만 명 정도 줄어들고 65세 인구가 급증하여 고령화가 심화될 것이며 (적어도 행정구역 기준으로는) 총 3,862개 지자체 중 90여 개가 없어질 전망이다. 이에 과거의 정책 기조 중심이었던 '지방분권', '지방자치'라는 가치는 희미해지고, 지역사회에는 지역'소멸'론이 공고히 자리 잡게 되었다.

---

[*]행정안전부 보도자료(2021. 10. 18.)

해석과 쟁점

이런 현황은 정기적으로 발표하는 국가통계에 근거한 것이
므로 정확도를 문제 삼을 필요는 없을 것 같다. 그러나 통계 발표
이후의 해석과 대응은 여러모로 논쟁적인 부분이 많다.

> 인구감소 그 자체를 마치 '나쁜 일'처럼 취급하는 것은 이
> 치에 어긋난다… 인구 급감은 '후퇴전'이다. 후퇴전의 목표
> 는 승리가 아니라 피해를 최소화하는 것이다. 어떻게 승리
> 할 것인가와 어떻게 패배의 피해를 줄일 것인가는 머리를
> 쓰는 방법이 다르다. 이기고 있을 때는 그다지 머리를 쓸
> 필요가 없다. 흐름이 변하는 순간을 가늠하여 기세를 이용
> 하면 된다. 그러나 후퇴전은 다르게 대응해야 한다.*

인구소멸 경향이 발표되면 그 즉시 인구를 늘리기 위해 노력
하는 것을 당연하다고 여기게 된다. 그러면서 동시에 지역이 없어
진다는 위기감이 조성되고 정부는 인구소멸지역에 대한 지원정책
을 발표한다. 당연히 정부지원금도 포함된다.

---

*Uchida Tatsuru 편(2018: 33)

그러나 잠깐! 이것만으로 충분한가. 과연 이런 정책에 의해 인구는 증가할까, 인구만 늘면 지역은 무조건 지금보다 더 살 만해질까, 구체적으로 '살 만한 지역의 조건'은 무엇을 의미하는가, 과연 지역의 모든 문제는 인구문제만 해결되면 저절로 풀릴 것들인가, 무엇이 문제인지 충분히 파악한 후에 그 연장선상에서 인구문제를 논하는 것인가, 인구감소 비관주의가 압도적인 상황에서 바람직한 해결책을 모색할 수 있을까.

이런 의문을 바탕으로 현재 진행되고 있는 인구소멸 위기론의 대응에 대해, 지원금에 대한 과도한 의존, 사회적 요인에 대한 간과, 인구증가에 대한 환상, 공급자 중심성, 이동인구에 대한 고려 부족, 적은 인구 지역의 성공 가능성에 대한 고려 부족 등 여섯 가지 문제를 지적하고자 한다.

첫째, 지원금에 대한 과도한 의존 문제다. 이는 지원금을 지급하는 중앙정부나 지원금을 요구하는 지자체 모두 유념할 부분이다. 즉, 과거의 행정처리 방식과 같은 자금 지원만으로는 위기를 효과적으로 해결하기 어렵다.

물론 지자체의 지원 요구가 급증하고 있으며, 지자체 나름의 조례 제정이나 위원회 설립도 급증하고 있다. 그렇게 제도적으로 조례를 제정하여 법적인 근거를 마련하고 전문위원회를 설립하여 협치 노력을 시행하는 것은 중요하다. 힘들게 제정한 조례는 시대변화에 맞게 개정되지 않고 있으며, 위원회란 형식은 협치가 실종된 빛 좋은 개살구일 뿐이라는 오래된 비판은 밀어두더라도 제도적 노력은 어쨌든 중요한 것이다.

그러나 지원금 확보 및 제도적 노력 이전에 인구소멸 원인에 대한 성찰과 지역 내 평가가 선행했는가를 되돌아볼 필요가 있다. 그렇게 하지 않는다면 지원금 폭탄은 결국 '사막에 물 뿌리는 방식'처럼 쓸모없는 일이 될 가능성이 농후하다.

정확한 문제 고민 없이 다른 지역보다 지원금을 많이 확보하면 무조건 좋다는 태도로 반응한 결과, 지금의 지역 현실이 이렇게 열악해진 것은 아닐까.

둘째, 사회적 요인에 대한 간과 문제다. 항상 인구가 증가해 왔기 때문에 인구감소 소식에 대해 관성적으로 '충격'을 받는 것이 자연스러울 수는 있지만, 그렇다고 해도 원인 분석은 좀 더 명확히 할 필요가 있다.

우리나라뿐만 아니라 UN 등 국제기구도 2100년을 기점으로 인구가 감소할 것이라고 발표했다. 그 훨씬 전에는 폴 월리스(Paul Wallace)가 저출산과 고령화에 따른 사회 충격은 자연 지진 강도 9에 달할 정도의 큰 충격을 준다며 인구 지진(Age-Quake) 개념을 제시한 것이 1999년이고, 해리 덴트(Harry S. Dent Jr.)가 인구감소율 그래프 모양이 마치 절벽과 같다며 인구 절벽

(Demographic Cliff) 개념을 발표한 것이 2014년의 일이다.

그렇지만 세계적 차원에서 보면 아직 인구감소보다는 인구 증가가 더 큰 문제다.[*] 인구감소는 국제적 이슈라기보다 일부 국가의 문제이며 특히 우리나라와 일본만 인구감소론이 확산되고 있다. 선진국 중에 인구감소 경향이 확실한 곳은 일본, 한국, 독일 뿐이다.[**]

인구감소 위기 속에서 아무것도 하지 말고 가만히 있자는 이야기가 아니다. 다만, 제시되는 통계들은 대부분 자연감소(사망)에 근거한 통계들인데 또 다른 인구변화의 중요한 변수인 사회감소(이주, 취업, 진학)에 관한 분석은 거의 없다는 것이 문제다(사회 전체적으로 이런 통계가 없다는 것이 아니라 인구소멸지역 산출 근거인 8개 '인구감소지수'에 사회적 요인에 대한 지수가 포함되어 있지 않다는 의미이다).

인간의 생로병사 문제를 해결하기 위해서는 의료나 복지 부문의 노력이 필요하다. 그런데 지역에서 진행되는 인구의 사회감소 문제에 대해 원인 분석 없이 그저 관성적으로 과거의 지원사업 틀에 사로잡혀 지원금과 공모전 '대잔치'로 해결하려는 것은 아닌

---

[*] 吉川洋(2016: 25)
[**] 中山徹(2016: 12)

지 깊이 고민해볼 필요가 있다.

셋째, 인구증가에 대한 환상 문제다. 즉, 인구를 강제로 늘릴 수 없음에도 이런저런 인구 늘리기 정책만 추진하고 있다. 국가 총인구는 정해져 있는데 자기 지역 인구를 늘리기 위해 다른 지역 특히 수도권에서 인구를 데려오자는 식의 '제로섬 게임' 정책들이다. 수도권으로 오는 인구나 수도권에 사는 인구가 수도권 외 지역으로 가지 않는 이유에 대한 분석은 없다.

물론 '총인구라는 정해진 파이(pie)에서 다른 지역 인구만 데려오면 그만이라는 제로섬 게임은 나쁘다'라고만 비판하려는 것은 아니다. 인구가 늘면 그들의 경제활동을 통해 지역경제가 살아나 지역소멸 위기에서만은 어떻게든 벗어날 수 있을지도 모른다. 여전히 지역에서는 '우리 지역에 대기업과 큰 공장만 오면 지역이 한 방에 발전하고 상권이 되살아날 텐데'라는 기대를 하는 것이 현실이기도 하다.

그러나 지역에 이미 다양한 문제가 있는데 인구문제만 유독 도드라지게 강조하며 모든 문제를 덮는 것이 과연 적절한지, 인구문제만 해결되면 지역은 살기 좋아지는지에 대한 검토는 아직 충분하지 않은 상태이다.

넷째, 공급자 중심성 문제다. 인구소멸 위기에 대한 대응이 참여자 중심이 아닌 공급자 중심 시각으로만 진행되고 있다. 공급자의 문제 대응이라도 있으니 다행이라고 긍정적인 평가를 할 수도 있지만 일방적인 대응만으로는 한계가 있다.

자치단체장을 비롯해 지역행정이 앞장서서 대응을 촉구하지만, 그 결과, 삶의 질이나 문화를 고려하지 않은 앙상한 행정 주도 정책만 남발하고 있다. 정책만 있고 삶의 질이나 가치변화에 대한 고려가 부족하다. 인구 유출 원인을 '당사자'에게 제대로 물어보는 정기적인 국가통계가 없다는 점도 아쉬운 대목이다.

다섯째, 이동인구에 대한 고려 부족 문제이다. 즉, 정주인구 중심만의 통계로 사회변화 흐름을 제대로 짚을 수 있는지 의문이다. 지금, 이 순간에도 수많은 유동인구가 전국을 다니고 있다. 이들은 여러 이유로 지역 내외로 이동한다.

주민세에 기반한 행정에 의하면 주민인구가 중요하겠지만 8개 인구감소지수에는 (청년순이동률 외) 이동인구 지표는 포함되어 있지 않다. 통계가 부실하면 정책도 표류하게 마련인데 말이다. 사는 사람뿐만 아니라 이동하는 사람 역시 모두 행정 서비스의 대상이라고 본다면 현재의 인구통계에 얼마나 이동인구 통계(및 해석)가 잘 반영되어 있는지 의문이다.

여섯째, 인구가 적은 지역의 성공 가능성에 대한 고려가 부족하다. 인구는 적지만 지역주민이 행복하게 지내는 지역의 사례는 전 세계 어디에나 있다.

프랑스와 이탈리아 등 유럽 소도시에 가면 주변이 목초
지대와 와인용 포도밭으로 둘러싸인 자그마한 마을에 멋
진 레스토랑이 있다. 저녁이 되면 지역주민들이 모여 지하
와인셀러에서 꺼내 온 와인으로 멋진 저녁을 즐기곤 한다.

단순히 공업화되어야만 지역이 경제적으로 성공하는 것
은 아니라는 사실을 보여준다… 지역마을은 도시와 대립
하는 것이 아니라 도시에 의한 소비와 마을에 의한 생산으
로 상호 연결되는 관계가 될 수 있다.*

비단, 유럽만의 가능성이겠는가. 우리나라에서도 그런 '소규
모의 자율적인 행복'을 구현하고자 하는 지자체들이 점점 늘고 있
다. 즉, 거대 산업 유치와 인구증가만 유일한 지역성장의 길이 아
니다. 더구나 그런 방법으로 지내 온 지난날이 지역을 행복하게
해주지 못했다는 것에 대해 정확한 답이 필요하다.

이와 같은 여섯 가지 쟁점 외에도, 실제 평균 출생아 수는 합
계출산율보다 높다, (고령화 기준나이를 늘려) 새 고령화지수를 사
용하면 노인부양비가 역전된다, 교육 수준을 고려하면 노인부양
비는 1/3로 줄어든다, 남아 있는 수명 개념으로 계산하면 노인부

---

* 木下齊(2021: 1장)

양비는 대폭 낮아진다 등 인구와 세대 문제에 대한 색다른 시나리오* 등을 고려하여 좀 더 다각적인 인구변화와 지역환경에 대한 분석이 필요하다.

---

* "사회·경제 문제가 다 내 탓? '인구'는 억울하다."(《경향신문》 2019. 1. 7.)

일본의 지역청년유인정책, 지역부흥협력대

지역부흥협력대[*]는 2009년 일본 정부가 실시한 인력 지역파견제도이다. 지자체에서 위탁으로 대원을 모집하고 대원이 되면 지역에서 생활한다.

활동 내용은 관광자원 기획·개발, 고령자 생활 지원, 빈집·빈 점포 대책, 이주자 지원, 농축산업·임업·어업 종사 등 매우 다양하다.

지역부흥협력대의 취지는 '지역 외 인재를 적극적으로 유치하여 그들의 정주 및 정착을 도모함으로써 도시 주민의 니즈에 응대하면서 지역력 유지·강화에도 도움이 되는 것'이

---

[*] 지역부흥협력대에 대한 모든 정보는 전문 웹사이트(https://www.iju-join.jp/chiikiokoshi)에서 제공하고 있으며 최근 지역부흥협력대 현황에 대해서는 澤田幌宏(2021: 4장) 참조.

다. 즉, 도시에서 지방으로 사람의 흐름을 만드는 일이 주요 목적이다.

대원은 3년간 매월 2백만 원 정도를 지원받는데, 창설 초기인 2009년에는 대원 수 89명, 31단체였지만 2019년까지 대원 수 5,503명, 1071단체로 늘었다. 정부는 2024년까지 대원 수를 8,000명으로 늘릴 방침이다.

1-3년 동안 활동 종료 후 약 60%가 활동 지역 또는 주변 지역에 정착했고 3명 중 1명이 창업했다. 2019년 통계를 보면 남성이 60%이고, 연령별로는 30대(40.4%), 20대(31.7%), 40대(19.6%), 50대(6.3%), 60대 이상(1.9%), 10대(0.1%) 순으로 20-30대가 전체의 70%를 차지한다.

대원에게는 겸업·부업이 인정되지만 활동 중 그만두는 경우도 적지 않다. 2019년 1년간 604명이 중간에 그만두었는데 그중 106명이 '지역·지자체·대원' 3자 간 미스매칭 문제를 제기했다.

이 문제를 해결하기 위해 총무성은 2016년 9월 지역·지자체·대원의 고민을 수렴하는 '지역부흥협력대 서포트 데스크'*서비스를 시작했다. 또한 본격적으로 활동하기 전에 일정 기간 활동해보는 '시험 지역부흥협력대' 및 2021년부터는 2주 - 3개월간 활동해보는 인턴 제도를 시행하고 있다. 2021년부터는 지역부흥협력대와 별개로 '지역프로젝트 매니저' 사업을 시행하는 등의 제도 보완을 하고 있다.

대원들이 모집 정보를 파악할 수 있는 경로는 총무성 지역부흥협력대 전문 웹사이트**와 스마우토(SMOUT)***라는 별도 서비스이다. 스마우토는 지역(지자체, 사업자, 개인 등)이 이주와 지역에 관심 있는 사람을 모집하여 직접 스카우트할 수 있는 '스카우트형' 매칭 서비스다. 구인 정보뿐만 아니라 이벤트, 게스트하우스 안내 등 여러 가지 정보를 안내한다. 등록 사용자가 각 프로젝트에 '관심 있음'을 누르면 제안자가 직접 연락하는 방식으로 연결되는데 팬데믹 위기 후에는 이용률이 급증하고 있다.

지역부흥협력대를 받아들일 준비가 되어 있는 지자체라면 적극적으로 활동 내용을 제시할 수 있지만 현실은 그

---

*https://www.iju-join.jp/chiikiokoshi/7626.html
**https://www.iju-join.jp/chiikiokoshi
***https://www.iju-join.jp/cgi-bin/recruit.php/13?page_no=5518

렇지 못하며 그저 획일적으로 고령자 지원 활동에만 편향되어 있다는 비판도 있다.

한편, 우리나라에서 이주를 돕기 위해 문화체육관광부 관광두레사업에서 선정한 관광두레PD제도의 경우, 중간지원활동가로서 이미 9기까지 활동하고 있다.[*]

지역부흥협력대와 유사한 제도로 경상북도에서는 '도시청년, 시골파견제'를 실시했다.

[*] https://tourdure.mcst.go.kr/user/member/pdMemberList.do

창업 주체의 위기: 청년위기

지역창업 환경에는 창업 거점이 되는 지역의 소멸 문제뿐만 아니라 창업 주체인 청년의 위기도 큰 변수로 작동하고 있다. 수많은 청년지원정책과 창업지원정책이 진행되고 있음에도 여전히 적잖은 문제가 작동하는 것이다.

청년지원정책

청년위기에 대한 담론은 서울에서는 2010년 정도, 그 외 지역에서는 2015년 정도부터 시작되었다. 2020년에는 「청년기본법」이 제정되어 그해 8월 5일부터 시행되었다.*

이 법은 "청년의 권리 및 책임과 국가와 지방자치단체의 청년에 대한 책무를 정하고 청년정책의 수립·조정 및 청년지원 등에 관한 기본적인 사항을 규정함을 목적으로 한다."(제1조). 지자체들도 「청년기본법」이 제시한 목적을 수행하기 위해 저마다 청년 관련 조례를 제·개정하고 있다.

---

*청년지원정책의 역사와 사례에 대해서는 류석진·조희정·기현주(2021); 류석진·조희정·정현미(2021) 참조.

1997년 IMF 외환위기, 2008년 글로벌 경제위기 이후의 여파가 사회 전체의 경제위기뿐만 아니라 청년실업으로도 나타났고 그 대응으로 2015년 서울시 청년기본조례가 제정되었다. 이어서 다른 지역에서도 청년기본조례가 만들어졌으며 이즈음부터 정부는 일자리 정책 위주의 청년지원정책을 시행했다.

청년지원정책은 고용지원, 창업지원, 생활안정지원, 청년권리 지원 등으로 구성되어 있다. 부문별로는 일자리, 소득, 문화, 주거, 건강, 참여 지원정책 등을 시행하고 있다. 종류는 이렇게 다양하지만 대부분 지원정책은 일자리 지원정책에 몰려 있다.

청년실업 현황과 대책은 2003년에 시작되었고, 이어 2004년 「청년실업해소특별법」이 제정되었다. 유효기간이 계속 연장된 이 법은 2009년 「청년고용촉진특별법」으로 개정되었다.

창업지원정책

취업지원은 주로 고용노동부에서 담당하며 창업지원은 중소벤처기업부에서 담당한다. 2022년 기준으로 94개 기관에서 378개(기술창업, 청년창업, 지역창업 포함) 창업지원사업*을 3조

---

* (중앙부처) 14개 부처, 100개 사업 / (지자체) 80개 광역·기초지자체, 278개 사업.

6,668억 원 규모로 진행하고 있으며 이 가운데 중기부 사업이 중앙부처 사업의 90%를 차지하고 있다*(〈표 1〉 참조).

〈표 1〉 창업지원사업 통합공고 현황(2016-2021년)

시기	참여 기관	사업 규모
2016년	6개(중앙부처)	65개 사업, 0.6조 원(중앙부처)
2017년	7개(중앙부처)	62개 사업, 0.6조 원(중앙부처)
2018년	7개(중앙부처)	60개 사업, 0.8조 원(중앙부처)
2019년	14개(중앙부처)	69개 사업, 1.1조 원(중앙부처)
2020년	16개(중앙부처)	90개 사업, 1.5조 원(중앙부처)
2021년	15개(중앙부처) 17개(광역지자체)	89개 사업, 1.4조 원(중앙부처) 104개 사업, 0.8조 원(광역지자체)

*출처: 중소벤처기업부. 2022. 1. 4. 「2022년 창업지원사업 통합공고」. p. 1.

모든 창업지원이 청년지원을 포함하는 것은 아니지만 대체로 청년을 지원 대상으로 한다. 주로 지원 내용은 2021년에는 사

---

*중앙부처 사업 규모는 중기부(3조 3,131.2억 원, 90.4%), 문체부(626.8억 원), 과기부(533.7억 원) 순이고, 지자체 사업 규모는 경기도(204.1억 원), 서울시(142.3억 원), 전남도(108.3억 원) 순이다(중소벤처기업부. 2022. 1. 4. 「2022년 창업지원사업 통합공고」. p. 3.).

업화, 기술 개발, 시설·보육, 창업교육, 멘토링, 행사였는데, 2022
년에는 여기에 융자 부문이 추가되었다.

지원 부문별 비중은 융자(20,220억 원, 55.1%), 사업화(9,132
억 원, 24.9%), 기술 개발(4,639억 원, 12.6%), 시설·보육(1,549억
원, 4.2%), 창업교육(569억 원, 1.6%) 순으로 절반 이상이 융자 사
업이다.*

또한 중기부 창업지원은 98%가 기술창업이고 소상공인 지원
에는 869억 8,100만 원 정도만 책정되어 있다. 원칙적으로 기술창
업이나 벤처 투자(venture capital) 등에 지원되는 성격인 것이다.**

청년 대상화와 창업 편향 지원의 한계

이와 같은 청년지원정책이 있지만, 청년은 여전히 위기이다.
그 이유는 매우 복합적이다.

첫째, 청년에 대한 이해가 부족하다. 수많은 청년정책에 의
해 정책 수요자인 청년이 정책 공급자 혹은 정책 파트너로 전환될

---

* 사업별 세부 내용은 중소벤처기업부(2022) 참조.
** "청년창업 정부 지원 양극화, 스타트업에만 돈 쏠렸다."(《한겨레신문》 2022.
2. 23.)

수 있는 계기가 마련되었지만 이제 시작일 뿐 여전히 청년 스스로 결정할 기회는 부족하다.

대부분 지역에서 이미 성인인 청년(19-34세)은 '요즘 애들'에 불과하고 '신참' 혹은 '아마추어' 취급을 받는다. 항간에는 지역에서 '청년'으로 (무난하게) 불리던 존재가 정부지원금을 받게 되는 순간 젊은 '것'들로 (공격적으로) 불린다는 슬픈 속설도 있다. 청년은 여전히 주체라기보다는 주변인으로 내몰리고 있다.

둘째, (첫째 문제와 맞물려 있는 문제로서) 대부분 지자체가 청년전담 부서가 만들어진 지 이제 1년이 채 되지 않은 상태이다. 2020년 제정된 「청년기본법」에 의해 지자체에 청년전담 부서가 만들어지고 있지만 독립적인 위상을 가지기보다는 아동·청소년·노인 복지과에서 청년정책과로 전환했거나 일자리정책과와 병행하여 운영하기 시작한 실정이다.

그러다 보니 독자적인 청년정책이나 청년창업지원정책은 이제 막 구상하는 단계이다. 청년을 일자리만 제공하는 노동력으로 제한하거나 복지 대상의 하위 범주로만 평가할 경우, 구상할 수 있는 사업 종류는 매우 제한된다.

실제로 지역청년이 필요로 하는 것은 공간 제공부터 사업지원까지 종합적인 정책지원인데 이 모든 것을 감당하기에는 지금까지 청년을 주체로 사업을 진행해보지 못한 지자체의 행정 경험에 한계가 있으며, 청년사업 자체가 여러 부서가 함께 진행해야 하는 경우가 많아서 현행 행정조직 구조로는 한계가 있는 것이다.

셋째, 창업 편향적인 지원의 한계가 있다. 정부의 수많은 창업지원이 '시작'을 독려하고 있지만 시작해야 하는 이유와 '유지' 지원은 부족하다. 준비되지 않은 상태에서 마구잡이식으로 창업만 독려하는 경향이 강하다.

누구나 창업하여 누구나 성공(혹은 적어도 10년 이상 유지)할 수 없는 현실 속에서 '창업 놀이'가 아닌 새로운 삶의 방식을 마련하는 계기로서 창업도 필요하다는 담론은 아직 무르익지 않고 있다.

그런 마당에 창업지원이 '일자리 중심'이라는 정책 가치의 일환으로 현재의 청년위기 해소를 위한 만능 치트키 혹은 전가의 보도(傳家의 寶刀)처럼 휘둘려지고 있다. 창업이 왜 인생 전환을 위한 효과적인 마중물이 될 것이며, 창업을 안정적인 사업으로 이어나가기 위해서는 무엇을 유념해야 하는가에 대한 논의는 어디에도 없다.

그러다 보니 '정부에서 돈만 받으면 창업할 수 있다. 신난다'는 분위기로 이어진다. 창업 자금이 필요한 것은 분명하지만 돈의 액수만 커지고 운용 프로그램이 부실하다면 여러 폐단이 발생할 수 있다(〈그림 1〉 참조).

<図><그림 1> 창업진흥원 팝업 공지

창업지원자금 불법 브로커 주의!

최근, 창업지원자금 수혜를 위한 '불법 브로커' 피해사례가 발생되고 있습니다.
창업지원자금 선정 조건으로 지원금의 일정비율에 대한 성공수임 요구,
신청서류 대필 작성에 대한 수수료, 정부기관 직원 사칭 등
불법 브로커의 부당개입 및 불법행위에 주의하시기 바랍니다.

브로커 독립된 제3자로서 타인 간의 상행위의 매개를 업으로 하는 사람

부당개입 자신과 직접 관계없는 일에 개입하여 이치에 맞지 않게 하는 행위

불법행위 고의 또는 과실로 인한 위법행위로 타인에게 손해를 입히는 행위

※ 해당 사례 발생 시, 아래 번호로 연락 바랍니다.
☎ 044-410-1541

정책자금 대출 관련 사기 주의

중기부 정책자금을 집행하는 공공기관은
중소벤처기업진흥공단, 소상공인시장진흥공단,
기술보증기금, 16개 지역신용보증재단 입니다.

대표 연락처: 중소기업통합콜센터 1357

위 기관과 유사한 명칭을 사용하거나
금융컨설팅을 제공하고 사례비나 수수료를 요구하는 곳은
모두 중기부 정책자금과는 무관한 곳이니 유의 바랍니다

◎ 중소벤처기업부

＊출처: https://www.k-startup.go.kr(검색일: 2020. 12. 25.)＊

＊2020년 12월 검색에서도 나타난 이 팝업 공지는 1년 반이 다 되는 2022년 3월
말 현재에도 그대로 게시되어 있다.

제도 본래의 취지와 무관하게 그저 공모전 당선이나 사업 수주만 목표라고 생각할 확률도 높아지고 그런 간절함을 악용하는 폐단도 발생하는 것이다. 이런 폐해는 수혜자의 도덕적 해이 때문에 발생하는 것이 아니다. 공급자인 정부의 정책철학과 방식의 부실함 때문이다.

　아울러, 전통시장 한편에 (소비자가 쉽게 접근할 수 없는 위치에) 청년몰만 만들어주면 그만이라는 식의 사업을 청년사업이라고 실시하는 상황이다.

　물론 공간이라도 만들어주니 고마울 수 있다. 기존 상권이 공고하게 자리 잡은 전통시장의 점포를 오롯이 청년만을 위해 새롭게 만들기는 정말 어려운 일이다. 하지만 그렇다면 더욱 ―오랫동안 소유관계와 권력관계가 확고한 전통시장보다는― 새로운 공간 확보가 중요한 문제라고 할 수 있다.

　넷째, 그렇다고 청년의 역량을 기르기 위해 창업교육을 확대한다는 관점을 대안으로 제시하는 것도 뭔가 충분하지 않다. 학교에서 배워서 혹은 독학해서 창업하고 사업에 성공할 수 있다면 우리나라처럼 교육열이 높은 곳에서는 누구나 사업에 성공해야 한다.

　길게 설명할 필요 없이, 사업 성공을 위해서는 이론 교육 등의 일방적인 교육을 넘어서서 현장에서 긴장감을 경험하며 발로

뛰며 배울 수 있는 입체적인 교육이 시행되어야 한다.

교실에서의 이론 학습과 현장의 실제 현실은 매우 큰 차이가 있다는 것을 알아야 한다. 즉, 이제라도 교육지원정책을 시행하려면 (형식적인 인턴 정책이 아니라) 효율적인 실습 위주의 교육지원 정책을 시행하는 것이 바람직하다.

이처럼 1997년, 2008년 연이은 경제위기에 이어 2010년대에는 청년위기론이 시작되었고 2020년에는 인구소멸 및 지역소멸 위기론이 형성되었다. 물론 1997년 이전에도 우리 사회는 언제나 여러모로 위기였지만 새로운 위기론이 더 추가되고 위기의 강도도 더 세지고 있다. 당장 직면하고 있는 팬데믹 위기도 이미 3년 차에 접어들고 있으니 말이다.

한국 사회에서 모든 시작이 가능성보다는 위기에서 비롯한다는 것은 좀 달리 생각해볼 필요가 있는 문제다. '미래에 이런 가능성이 있으니 즐겁게 시작해보자'는 행복한 접근이면 좋겠지만 현실은 전혀 그렇지 않다. 언제나 '지금 당장 이런 것이 위기이니 서둘러 문제를 해결하기 위해 뭐라도 해야 한다'는 식으로 성급히 시작한다. 항상 무엇엔가 쫓기고 항상 무엇을 바쁘게 따라가야 한다.

'잠깐! 차근차근 생각해보고 모두가 납득하는 선에서 할 수 있는 것을 해봅시다', "무엇'이 무엇인지 함께 충분히 이야기해봅시다'라는 의견은 끼어들 틈이 없다. 당장 시작해도 따라잡을 수 있을까 말까인데 무슨 한가한 소리냐는 지청구를 듣기 십상이다. 그래서 모두 입을 다문다.

그리고 그런 상황이 반복되며 가속페달을 밟은 것처럼 고속으로 달린다. 비포장도로를 아우토반을 달리는 속도로 달리다 보면 장애물을 만나게 되고 이내 사고가 난다. 누구의 탓이랄 것도 없이 애초에 그런 분위기가 쌓이고 쌓여서 너무도 당연해진 한국 사회의 문화 탓이다.

그러나 사고의 탓은 이내 개인의 몫으로 돌아간다. '준비를 덜해서', '분위기 파악을 못 해서', '실력이 없어서', '자원이 모자라서' 등 탓할 이유는 너무나 많다. 애초에 사회구조 형성이 잘못되었노라고 비판할 수조차 없다. 복잡하고 불편한 현실이다.

지역의 시작 역시 마찬가지다. 지역은 이미 존재하고 그 안에서 오랫동안 경제와 사회활동이 이루어져 왔다. 그런데 어느 날 갑자기 지역이 '소멸'될 것이고 지역이 '문제'라고 한다. 따지고 보면 사람 사는 데 문제가 없을 리 없건만 지역만 갑자기 천덕꾸러기가 되어버린 느낌이다.

물론 여기에서 말하는 지역은 지방, 비수도권, 변두리, 교외, 시골이라는 차별적 의미라기보다는 '일정한 역사와 문화를 공유하는 권역'이라는 포괄적인 범위를 뜻한다(그러나 아무리 그렇게 말해도 여전히 지역은 차별적 의미로 쓰이고 있다).

지역에 차별의 이미지를 덧씌우더니 이제는 사고뭉치로 만들어버린다. 한편에서는 도시재생, 지역재생 등을 운운하며 또 다른 한편에서는 코로나 때문에 해외에 못 나가니 지역이 달리 보인다고 호들갑이다. "왜 이러서, 갑자기"라고 밀어낼 수조차 없다. 이것 역시 여러모로 복잡하고 불편한 현실이다.

비수도권 지역의 현실을 보면 언감생심 '새 술을 새 부대에'라는 말은 꺼내기도 어려운 열악한 상황이다. 하지만 부정적인 비장함은 일단 차치하고, 이 책에서는 지역 내외의 복잡하고 불편한 현실 속에서 이미 차별적 이미지가 공고해진 지역, 가능성을 논하기도 전에 뒤처진 모양새가 되어버린 지역에서 진행되는 새로운 움직임에 주목한다. 그 가운데 특히 비수도권 지역의 청년창업에 주목한다.

황무지에서도 꽃이 피듯 좀 더 다른 방식으로 새롭게 시도하는 움직임을 통해 지역에서 더 나은 삶의 질을 구현하는 모습을 지켜볼 필요가 있다. 창업 장소인 지역은 소멸 위기에 직면해 있고 창업 주체인 청년에 대한 정당한 존재가치 부여가 실종된, 그야말로 사면초가의 위기 환경에서 창업하는 사람들은 누구이고, 왜, 어디에서 사업하여 무슨 가치를 구현하고 싶어 하는지 추적해본다. 여기에는 위기론 중심의 현재 부정보다 '현재'에서 시작하는 것이 더 생산적이라는 의미도 포함되어 있다.

제2장

제3의 창업 시대:
장소·주체·가치의 전환

제1, 2의 창업 시대

제1의 창업 시대

최초의 창업은 자본주의의 기원이 형성된 16세기나 자본주의라는 말이 처음 등장한 1870년대로 거슬러 올라가야 할 것이다. 그렇게까지는 아니더라도 산업혁명으로 촉발된 근대사회 및 대중사회의 제조업 창업을 제1의 창업 시대(The 1st Startup Age)라고 본다면 이 시기에는 독창적 아이디어를 다량으로 생산하여 대중에게 일방적으로 판매하는 방식이 대부분이었다.

제품만 확정된다면 단시간 내에 대량생산하고 최대한 생산 비용을 줄이는 것이 목표였기 때문에 더 큰 시장을 개척하는 것이 중요했다. 그렇게 대중소비사회가 형성되었고 제조업과 굴뚝산업이 각광받았다. 산업역군으로서 노동자들은 모두 같은 작업복을 입고 정해진 시간에 공장으로 출퇴근했으며 더 많은 노동자를 확보한 대규모 산업일수록 국가의 부를 효과적으로 창출할 수 있었다. 국가자본주의의 시대이기도 했다.

대기업의 큰 틀 속에서 중소기업이 움직였고, 대기업이 도산하면 중소기업도 연달아 줄줄이 망하는 구조였다. 물론 1997년 IMF 위기 전까지는 중소기업은 망할지언정 대기업은 굳건히 버틸 수 있는 모순적인 구조였다.

창업 자금은 주로 개인이나 기업이 주변 도움이나 은행 대출로 확보했다. 체계화된 사업 계획서가 표준 양식으로 있다기보다는 아이디어, 그보다는 자금이 훨씬 중요했다. 자금의존형 창업이었다. 단 한 번의 대박이 기업과 가게를 일으켰고, 박리다매든 철저한 경영논리로 가격을 책정하든 시장은 무한하기 때문에 번영이라는 목표는 달성하기 어려울지언정 못 올라갈 목표는 아니었다.

그렇게 대·중·소기업이 생겼고, 자영업·소상공인이 생겼다. 강력한 하청구조였지만 '갑질'이란 말은 존재하지 않았고 노동자 인권이나 환경보호는 이상적인 구호에 그칠 뿐 이 구조 속에서 중요한 가치가 아니었다.

'개발'과 '발전'이 모든 것을 '진흥'시킨다는 사고방식이 가득한 시대였다(지금도 우리 주변엔 그 유산이 남아 '개발원', '진흥원'이라는 이름의 기관들이 많이 남아 있기도 하다). 개인의 강한 뚝심과 난관 돌파 능력에 기반한 창업자의 성공 스토리는 '신화'로 평가받았다. 1997년 IMF로 심각한 내상을 입기 전까지 우리 사회에서 '성장'은 너무나 당연한 가치였다.

제2의 창업 시대

인터넷으로 시작한 제2의 창업 시대(The 2nd Startup Age)에는 정부와 투자자들이 벤처 창업에 막대한 금액을 투자했고,[*] 닷컴 버블(.com bubble)이라는 말이 있을지언정 당시 창업한 수많은 서비스는 지금, 이 순간에도 (당시와는) 다른 기업명, 같은 창업자가 추진한 기술창업으로 이어져 온라인 네트워크를 확장하며 다양한 서비스를 제공하고 있다.

실리콘밸리가 전 세계 창업자들의 모델이었고, 너 나 할 것

---

[*] 2003년 중소기업청과 중소기업진흥공단은 창업지원을 위해 800억 원 규모의 국내 최초 모태펀드(fund of the funds)인 다산벤처펀드를 결성했고, 2005년에는 1조 원 규모의 모태펀드 투자관리기관 한국벤처투자가 출범했다.

없이 "이제는 하드웨어보다 콘텐츠다"라는 말을 성서처럼 되뇌었다. 차고형 창업(garage startup)이 하나의 유행이 되었고, 청바지에 검은 폴라를 입은 '잡스 형님 스타일'은 창업자의 유니폼처럼 세팅되었으며, 연단에서 무선 마이크를 장착하고 화려한 피티를 보며 유창하게 프레젠테이션하는 것은 창업자의 특장점처럼 평가되었다. 사업의 과정은 지난할지언정, 일단 '발표' 자체가 사업 성공처럼 평가받았다.

여전히 세상은 넓고 모두 연결될 수 있었으며 팔 수 있는 아이템은 넘쳐났다. 새로운 시장을 개척한 'IT'에 모두 열광하던 시대였다. 또한 이 시대의 창업자 역시 개인의 탁월한 기술 능력과 혁신적 아이디어로 무장한 '신화'의 주인공이 됐다.

인터넷으로 시작된 기술 신화는 소셜미디어, 스마트폰, 인공지능뿐만 아니라 사회 전체의 기능적 구조를 전환시켰다. 공무원이 근무하는 책상뿐만 아니라 사회 어느 곳이든 소위 '일'이 있는 곳에는 PC와 노트북이 있는 것을 당연하게 여기는 사회가 되었다.

대부분의 사람이 '또 하나의 뇌'라고 할 수 있는 스마트폰에 분리불안을 느끼는 시대가 되었다. 사정이 그러하다 보니 이제는 소수만 정보 혜택을 누리는 정보 격차(digital divide)가 문제가 아니라 너무 많은 정보 중에 유해한 것이 많아서 정보 역기능(digital abusing)이 더 문제인 상태까지 이르렀다.

　데이터와 정보가 범람해도 제대로 된 빅데이터 분석이 이루어지지 않으며, IT 기업의 알고리즘이 개인정보 침해 가능성이 크다거나, 기술로 인해 편해진 만큼 감시 대상이 되는 것쯤은 감내해야 한다는 불편한 현실에 대한 불만은 쉴 새 없이 등장하는 신기술 창업 분위기 이면에 묻혀 있을 뿐이다. IT는 여전히 이 세상의 강력한 먹거리가 되고 있다.

　그런데도 1차 창업의 시대와 2차 창업의 시대의 패색이 짙어지고 있다. 닷컴 버블이 사라져가는 흐름 속에 몇몇 IT 기업만 살아남았다. 산업사회의 제조업 기업들도 겉으로는 왕성하게 활동하고 있지만, 그들의 위치가 영원히 굳건할 것이라고 예견하기는 어려운 불안한 시대에 들어섰다. 또한 시류에 휩쓸려 소비만 하던 대중은 개인의 성공을 찬양하고 부러워하는 것이 '내 삶'에 별로 의미 없다는 것을 똑똑히 알게 됐다.

　인구가 줄고, 더는 메가 히트 상품을 기록할 만한 거대 시장은 없으며, 무엇보다 금융이 지배하는 앙상한 자본주의만 공회전하며, 세상은 1997년 IMF 외환위기, 2008년 글로벌 경제위기와 같은 끔찍한 일을 경험했다. 오랜 시간 잠재되어 있던 불안과 불만은 갑질, 플랫폼 노동, 기후위기, 공정 등 수많은 '권리' 관련 용어로 표출되고 있다.

그러면, 이 시점에서 지역가치를 중심으로 창업하는 제3의 창업 시대(The 3rd Startup Age)가 형성될 수 있을까. 시장도 불안하고 더 이상의 혁신 상품도 없는데 새로운 시장과 새로운 상품이 없는 창업이 가능하기나 할까. 무엇보다 '지역' 자체가 이 시대의 화두가 될 만큼 중요한 존재일까.

제3의 장소·주체·가치

우리나라에서 제3의 창업 시대가 언제 시작되었는지는 명확히 말하기 어렵다. 여전히 제1의 창업 시대의 제조업과 제2의 창업 시대의 기술창업이 강력하게 존재하고 있기 때문이다.

다만, 대략 5년여 전부터 —아마도 19개 창조경제혁신센터가 전국 광역에 설치된 지 2년쯤 지난 시점부터— 지역창업이 진행되었고, 2020년 중기부의 로컬크리에이터(local creator) 지원사업을 통해 그런 움직임이 더욱 가속화되었다고 볼 수 있다.

정확한 시점을 규정하기 어렵지만 그 이전에도 지역창업의 움직임은 있었다. 이미 지역에는 수많은 사회적기업이 존재하고 있었으니 말이다. 그러나 지금 청년의 지역창업은 핵심 산업, 기업형태, 핵심 가치에서 과거의 창업 시대와 다른 특징을 나타내고 있다.

구분	핵심 산업	기업형태	핵심 가치
제1의 창업 시대	제조업	대·중·소기업	개발, 발전, 진흥
제2의 창업 시대	IT산업	벤처	혁신
제3의 창업 시대	매개형 복합산업	사회적기업 마을기업 지역창업	지역, 공생

단적으로, 제조업창업-기술창업-지역창업으로 이어지는 흐름이 형성되고 있으며, 대·중·소기업-벤처기업-사회적기업·마을기업·지역창업의 기업형태가 나타나며, 발전-혁신 등의 가치에 이제는 지역과 공생의 가치가 새롭게 추가되었다는 의미이다.

이런 변화를 좀 더 자세히 설명하면, 제3의 창업은 '지역이라는 새로운 기회의 공간에서, 청년이라는 또 다른 주체가, 이익 추구에만 머무르지 않고 사회적 가치 구현도 도모하는 것'이라고 볼 수 있다.

제3의 장소: 지역

첫째, 지역창업의 거점은 '지역'이다. 서울 역시 지역이지만 이 책은 주로 서울 밖에서 진행되는 지역창업에 주목한다(상대적으로

서울에는 자원과 기회가 많다. 경쟁률이 센 것이지 그 밖의 지역처럼 뭔가 아예 없는 상태는 아니다). 그래서 굳이 많은 것이 결핍된 지역에서 새로움을 추구하는 창업이 누구에 의해, 왜, 어떻게 이루어지고 있는가에 주목한다.

지난 5년간 지역에서 형성된 새로운 창업은 실리콘밸리의 모태인 차고형 창업이나 인터넷 초기의 벤처 창업과 결이 다르다. 차고형 창업과 벤처 창업보다 지역 기반성을 강하게 나타내기 때문이다. 여기에서 지역성은 물리적으로 지역에 사업장이 있든 정신적으로 지역에 대한 애착심이 있든 존재와 사고 그리고 이익과 관계의 중심에 '지역'이 있음을 의미한다.

현재, 그런 지역의 모습은 나와 우리 스스로 자랑스럽게 여길 수 있는 모습이라기보다는 안팎에서 무시하고 비난하는 안쓰러운 모습으로 존재한다. 그러나 어떤 상황에서든 제대로 살고 싶은 것은 어떤 지역에 살든 인간의 본질적인 희망이다. 따라서 지역의 어려움을 극복하고 본질적인 희망을 얼마나 성취하는가에 지역창업의 성패가 달려 있다.

한편, '지역' 개념은 행정구역이나 도시의 반대 개념이 아니다. 일반적으로는 주거지, 고향, 관심 있는 곳이라는 세 가지 의미를 포함할 수 있지만 '역사와 문화 등에서 통일성이 있는 일정 구역'으로 정의하는 것이 더 타당하다.*

한편, 제3의 장소로서의 지역은 제1의 장소 집, 제2의 장소 직장에 이어 제3의 장소를 정의한 올덴버그**의 정의를 차용한 것이기도 하다. 올덴버그는 제3의 장소의 특징을 중립적이고, 누구나 평등하고, 대화 중심이고, 찾기 편하고, 단골이 있으며, 본인이 눈에 띄지 않고, 즐길 마음으로 찾는 공간이자 또 하나의 우리 집 같은 느낌을 주는 곳이라고 정의한다.

즉, 가볍게 모이고 교류하며 쉬고 즐길 수 있으며, 다양하고 이질적인 사람들이 사회적 위치나 입장을 신경 쓰지 않고 교류할 수 있는 곳이라는 의미이다. 이런 특징은 지역과 유연하게 관계 맺는 데 가장 적합한 특성이기도 하다.

이런 관점에 의하면 지역가치 창업자들이 가장 주력하는 1인 서점, 게스트하우스, 코워킹 스페이스(co-working space) 및 그 밖의 모든 커뮤니티 공간 또한 지역의 제3의 장소가 될 수 있다. 단지 물리적으로 공간만 새롭게 재생하는 것이 아니라 그 안에서 지역 내외의 사람들이 의견을 나누고, 교류하고, 정보를 만들고, 제품을 생산하기도 하는 복합문화공간을 형성하여 다양한 지역 정체성을 구성하는 것이다.

＊제3의 장소로서 '지역' 개념에 대해서는 石山恒貴 著·編集(2019) 참조.
＊＊R. Oldenburg(1989)

지역창업자들은 지역자원을 관심 있게 바라보며 많은 사람이 그런 시선에 공감하며 연결되기를 바란다. 여기에서의 자원은 문화재 등의 전통유산, 아름다운 자연환경, 지역주민과 같은 인적 자원 그리고 자신들이 새롭게 만들어내는 자원 모두를 포함한다. 여러 자원이 어우러져 행복한 삶을 만들 수 있다는 것을 강조하는 것이다. 그저 지역에서 생활하는 것만으로 각박한 도시보다 더 많이 웃으며 행복하게 살아갈 수 있다는 것을 강조하는 것이다.

이런 식의 메시지는 과거에 종교나 급진적 사회운동 영역에서 익히 제시됐던 것들이다. 기존 구조의 폐해를 강력히 부정하고 좀 더 많은 사람이 자신들의 메시지에 동조하기를 희망했던 역사는 생각보다 꽤 오래되었다. 현재에도 환경운동이나 반전운동, 인권운동 등의 역사가 이어지고 있으니 말이다.

그러나 지금 지역창업에서 형성되는 메시지는 강력한 주장과 이에 대한 대중적이고 획일적인 동조를 바라는 것이 아니다. 자신이 옳으니 하나의 방향으로 세상을 바꾸자고 주장하는 것이 아니라 여러 사람의 다양한 가치가 제대로 존재하는 것만으로도 괜찮은 삶이라고 여긴다. 즉, 운동과 혁명 이전에 '존재'를 강조하며 여기에 지역이라는 존재, 사람이라는 존재가 포함되는 것이다.

제3의 주체: 청년

이 책에서 말하는 지역창업은 지역을 새로운 기회의 공간으로 포착한 청년들이 주도하는 창업을 의미한다. 그 청년들은 U·J·I턴*으로 이주한 청년, 오랫동안 지역에 살아온 주민청년, 혹은 연령으로서 MZ세대들이다.

청년의 특성 역시 매우 복합적이다. 인구통계학적으로 보면 특정 연령의 특정 세대일 수 있지만 현행 법 규정에만 보아도 청년의 연령은 지역에 따라 19-49세로 매우 폭넓다. 즉, 10대부터 40대가 청년으로 묶이는 상황에서 연령으로 청년의 특성을 이야기하는 것은 별로 의미가 없다.

따라서 연령이 아닌 의미에서 청년 창업자의 특성을 본다면 U·J·I턴을 했거나 혹은 주민이거나 대략 30대 정도의 직장 경력이 있는 사람으로 볼 수 있다. 사회 경력이 전혀 없는 상태에서 창업 준비를 하기는 매우 힘들다. 또한 거점으로 삼기 어려운 지역을 선택할 정도의 절실함이 있다는 것은 그만큼 몇 년간의 사회생활에서 나름의 가치 실현 욕구를 생각할 정도의 경험을 했음을 의미하기 때문이다.

---

*U턴은 고향 → 도시 → 고향으로 이동, J턴은 고향 → 도시 → (연고가 없는) 다른 지역으로 이동, I턴은 도시 → (연고가 없는) 지역으로 이동하는 것을 의미한다.

국세 통계에 의하면 2016년 기준으로 청년창업은 전체 창업의 22.9%를 차지하며, 청년 전체 인구의 1.7%이다. 가장 많은 창업유형은 소매업, 음식숙박업, 서비스업 순이었다(그 이후의 국세 통계는 발표되지 않았다).*

중소벤처기업부가 산출한 가장 최근의 청년창업 수는 49만 개에 이른다. 물론 여기에는 생계형 창업과 기회형 창업이 모두 포함되어 있기 때문에 이 책의 연구대상인 청년의 지역창업 수는 극히 일부만 포함된 것으로 판단할 수 있다.

〈그림 2〉 청년창업기업 현황

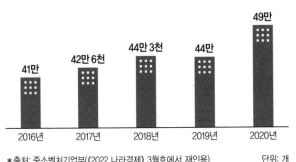

＊출처: 중소벤처기업부(《2022 나라경제》 3월호에서 재인용)　　　　단위: 개

＊국세청 보도자료(2017. 9. 27.)

이들이 제3의 창업 주체라는 의미는 자본이 있는 사업가(제1의 창업 주체)나 기술력이 있는 벤처 창업가(제2의 창업 주체)가 아닌 제3의 창업 주체라는 의미이다. 여기에는 경제위기 상황에서 고용 불안을 느끼고 자력으로 창업을 하고자 하며, 자신이 선택한 가치를 사회적으로 구현하고자 하는 창업을 지향한다는 의미가 포함되어 있다.

제3의 창업 주체로서 청년의 모습은 제조업 기업의 무게감 있는 대표자나 IT 기업의 혁신가로서의 이미지보다는 지역 일꾼으로서의 이미지가 더 강하다.

물론 청년 지역창업가 중에는 유니콘* 기업으로 성공하거나 글로벌 기업 리더가 되고 싶은 사람들도 있겠지만 다수의 청년 지역창업가는 지역에서의 삶이나 사람 그 자체의 의미에 대해 함께 고민하는 좀 더 친근한 이미지에 가깝다. 그런 시각으로 보면 청년 지역창업가의 이미지는 제3의 대표자 이미지에 가깝다고 볼 수 있다(물론 구성원 역시 마찬가지다).

제3의 가치: 지역, 공생

제3의 창업 시대가 된 것이든 아니든 이미 새로운 창업은 진

---

* 유니콘은 기업자산 가치 1조 원 이상의 비상장사를 의미한다.

행되고 있다. 누군가는 수도권에서(혹은 글로벌 차원에서) 여봐란 듯이 성공한 유니콘이 되기 위해 창업하지만, 누군가는 다른 방식의 창업과 (지역에서의) 삶에 대해 고민하며 창업한다. 먹고사는 일을 통해 단지 이익만 추구하는 것에 그치지 않고 지역과 연관된 가치를 만드는 변화에 주목한다.

외부에서 작동하는 유인요인(pull factor)으로서 경제위기 때문에 지역에서 새로운 창업을 궁리하게 되었고, 내부에서 작동하는 추동요인(push factor)으로서 새로운 삶의 가치를 생각하는 흐름이 형성되면서 지역자원과 가치 그 자체로서의 지역을 또 하나의 기회로 여기며 창업이 진행되었다.

기업에서는 비재무적인 요소로서 ESG(Environmental, Social and Governance) 경영이라는 이름으로 이러한 가치를 도입하고 있다. 즉, 청년 지역창업자들이 지향하는 가치와 기존의 기업이 새로운 시장전략*으로 선택한 ESG 경영이 같은 지향점을 갖고 있다.

요즘 청년 지역창업에서 환경가치를 도외시해서는 주목받기

---

*기업의 ESG 경영전략은 기업이 내재적으로 그 필요성을 깨닫고 능동적으로 선택한 것이라기보다는 사회변화와 사회문제를 기업이 반영해야 한다는 주주들의 요구, 즉 사회의 요구가 먼저 형성되어 채택'된' 전략이라고 보는 편이 더 적절할 것이다.

어렵고(E), 지역가치 추구라는 사회적 가치를 이미 포함하고 있으며(S), 공정함을 담보하지 않고서는 청년 업체 구성원 역시 이탈할 가능성이 크기 때문이다(G).

즉, 이제까지 시장 개척과 이윤 극대화만 추구해온 자본주의 성장 방식은 사회적 가치 및 공생을 지향해야 할 시기에 직면하고 있다. 제1의 가치가 성장, 제2의 가치가 혁신이라면 제3의 가치는 사람의 공간인 지역과 지역 내에서의 공생이라는 사회적 가치로 특징지을 수 있는 것이다.

본질에서는 기업과 같은 모든 경제주체가 사회적 산물이지만 이제는 그동안 내재되어 보이지 않았던 '사회적'이라는 의미가 수면 위로 부상하고 있으며, 이를 청년 지역창업자들이 주목하고 있다.

제3의 창업 목적과 유형

기존 창업 현황과 업종

창업 현황

2016년부터 통계를 보면 우리나라에서는 연평균 130만 개

내외의 기업이 창업한다(〈표 3〉 참조). 이 가운데 (중기부가 상정한) 1인 창조기업은 연평균 28만 개 내외이고, 벤처기업은 35,000개 내외다.

청년창업 기준으로 보면 청년 연령이 특히 증가세라고 평가하기 어렵지만 39세 미만 창업이 대략 30% 내외의 비중을 차지하고 있다(물론, 이런 통계와 달리 앞서 밝힌 대로 청년창업 49만 개라는 통계도 있다. 즉, 청년 지역창업의 의미에 맞는 정확한 통계는 사실상 존재하지 않는다).

〈표 3〉 연령별 창업기업 수(2016–2020년)

년도	2016	2017	2018	2019	2020
소계	1,190,177	1,256,267	1,344,366	1,285,259	1,484,667
30세 미만	116,815	128,808	138,933	146,766	174,728
30~39세	293,407	297,162	303,671	293,522	315,784
40~49세	367,084	376,529	387,868	355,567	391,010
50~59세	289,138	308,560	339,633	313,768	361,259
60세 이상	122,484	143,950	172,794	174,152	240,438
기타	1,249	1,258	1,467	1,484	1,448

＊출처: 중소벤처기업부(2022. 2. 20. 검색)

업종 분류

한편, 산업 업종은 크게 농·임·광·어업, 제조업, 전기·가스·증기 및 공기조절 공급업, 건설업, 서비스업 등 5개 분야로 구분한다. 이 가운데 지역창업과 관련 있는 분류로는 농·임·광·어업, 제

〈표 4〉 중소벤처기업부의 업종 분류

대분류	중분류
농업, 임업 및 어업 및 광업	–
제조업	음식료품 및 음료 / 섬유 및 가죽 / 목재, 가구 및 종이 제품 / 인쇄 및 기록매체 복제업 / 고무 및 화학제품 / 기계, 금속 / 전기·전자 및 정밀기기 / 자동차 및 운송 장비 / 기타제조업
전기, 가스, 증기 및 공기조절 공급업	–
건설업	
서비스업	수도, 하수 및 폐기물 처리, 원료 재생업 / 도매 및 소매업 / 운수 및 창고업 / 숙박 및 음식점업 / 정보통신업 / 금융 및 보험업 / 부동산업 / 전문, 과학 및 기술 서비스업 / 사업시설 관리, 사업 지원 및 임대 서비스업 / 교육 서비스업 / 보건업 및 사회복지 서비스업 / 예술, 스포츠 및 여가 관련 서비스업 / 협회 및 단체, 수리 및 기타 개인 서비스업

＊출처: 중소벤처기업부(2022)

조업, 서비스업이 있는데, 제조업이 주로 아이템 중심 구분이라면 서비스업은 업태 중심 분류라고도 볼 수 있다.

지역창업 유형 분류

그러나 지역창업은 업태 중심 분류로 다 설명하기 어려운 특성이 있다. 물론 법인이나 개인사업자가 등록할 때 업종과 업태를 규정하지만 반드시 한 항목으로만 등록할 수 있는 것도 아니거니와 지역창업의 실제 역시 복합적인 특성이 매우 강하다.

예를 들어, '이것은 갈비인가 통닭인가'를 판단하기보다 '이곳은 서점인가, 게스트하우스인가, 갤러리인가, 동네 놀이터인가'라고 분명하게 판단하기 어려운 것이 지역창업이다. 왜 유형 분류가 어려운가에 대해서는 세 가지 가설을 제시할 수 있다.

첫째, 지역 시장 자체의 규모가 작다. 지금까지 하나의 청년 지역창업체가 전국 단위의 판로를 개척한 경우는 특산품과 수제맥주 등의 로컬 F&B(Food & Beverage) 정도만 존재한다. 그러나 시장 개척 범위가 좁다고 그 업체가 실패했다거나 존재할 가치가 없다고 바로 판단하는 것은 속단이다.

규모가 작아도 지역에 삶의 공간을 만들고 문화를 형성하고 있다면 그 나름의 존재가치가 있다. 다만, 지역에서 단일 품목으로는 생존하기 어려우므로 여러 사업유형이 복합적 형태를 이뤄 운영되는 형태가 될 수 있다는 것이다.

　로컬 창업자들의 사업모델은 한 업종에 특화해 비용을 줄이고 매출을 늘려 '규모의 경제' 효과를 누리는 기존 경영 방식과는 큰 차이가 있다.

　지역에서는 적어도 두 가지 이상의 서비스를 함께 제공함으로써 연구개발 및 판매 비용을 줄이고 대신 매출 효과를 극대화하는 '범위의 경제(economy of scope)' 원리가 더 잘 먹힌다.

　세계화-산업화 시대의 제조업체들이 단품종 대량생산으로 가격 경쟁에서 살아남을 수 있었다면 탈세계화-탈물질주의를 특징으로 하는 후기산업사회에서는 '다품종 소량생산'으로 소비자들의 다양한 욕구를 충족해줘야 버틸 수 있는 것과 같은 원리다.

　그러다 보니 통계청 산업분류로는 어느 한 항목에 속하지 않고 모호하게 여기저기 걸쳐 있는 경우가 적지 않다…. 인구가 계속 줄어들고 있는 지방 소도시나 농·어·산촌 지역은 한 가지 제품이나 서비스만으로 승부를 보기에는 시장이 너무 작다.

창업자 입장에서는 무리하게 특정 제품에 올인하기보다는 '범위의 경제' 원리를 적용해 다양한 제품과 서비스를 공급함으로써 그 지역의 얼마 안 되는 수요를 원스톱으로 끌어모아 매출로 연결 지을 수 있다.[*]

둘째, 청년문화의 특징 자체가 1업체 1유형을 선호하지 않는다. 즉, 복합문화공간이라는 말이 있듯이 복합문화 자체가 낯설지 않다. 그러다 보니 여러 유형의 합체가 자연스럽다. 공간을 만들었다가 그 공간에 코워킹 스페이스나 메이커 스페이스(maker space)를 동시에 만들 수도 있고, 서점을 만들었다가 낮에는 서점, 밤에는 동네 커뮤니티 공간이 되어도 낯설지 않다.

이미 기존의 도서관이 마을의 삶에 녹아들기 위해 때로는 교육 기능을 수행하고, 때로는 문화센터가 되고, 때로는 그 안에 보육시설을 운영하고, 때로는 실습실이 되는 것처럼 지역이 필요로하는 기능을 공간에 추가하다 보면 1업체 1유형이라는 말도 한계가 있다는 것을 쉽게 알 수 있다.

셋째, 청년창업자 혹은 종사자들은 다양한 능력을 함께 갖

---

[*] 한종호. "규모의 경제 아닌 범위의 경제로, 로컬기업의 새로운 경제 문법."(《더나은미래》 2020. 12. 1.)

춘 경우가 많다. '이게 단일 업종에서 한꺼번에 할 수 있는 일인가' 싶은 종합기획을 선호하며 실제로 그렇게 창업한다. 그러다 보니 처음에는 공간 개조에서 시작했지만 어느새 지역 커뮤니티 빌딩 사업을 하기도 하고, 문화기획을 하기도 한다. 유형의 경계라는 말 자체가 의미 없는, 동시다발성 사업을 전개하는 경우가 많다.

명확한 구분의 어려움을 고려하여 일단 이제까지 진행한 연구의 경험 데이터를 기반으로 이를 활동 목적·활동 주체·시장 범위 기준으로 구분하면 〈표 5〉와 같다.

〈표 5〉 지역창업 유형

기준	유형
활동 목적	상품판매형, 공간재생형, 문화기획형, 지역체험형, 농업지향형, 문제해결형, 미디어형(메타로컬형)
활동 주체	소기업형, 협동조합·사회적기업형
시장 범위	지역내 소비형, 전국소비형(내수형), 수출형

기존의 청년 지역창업 분류로는 중소벤처기업부가 제시한 로컬크리에이터 7대 분야가 있다. '지역의 자연환경, 문화적 자산을 소재로 창의성과 혁신을 통해 사업적 가치를 창출하는 창업가'

를 '로컬크리에이터'라고 정의한 중기부는 지역가치, 로컬푸드, 지역기반제조, 지역특화관광, 거점브랜드, 디지털문화체험, 자연친화활동의 7개 분야를 구분하고 있다.[*]

그러나 이 책에서는 우선, 활동 목적을 기준으로 상품판매형, 공간재생형, 문화기획형, 지역체험형, 농업지향형, 문제해결형, 미디어형(메타로컬형)의 7개 유형으로 구분한다.

상품판매형

첫째, 상품판매형은 지역 내외에 사업장이나 점포를 가지고 혹은 온라인 스토어를 통해 지역 상품을 판매하는 유형이다. 산·농·어촌 1차 상품, 가공품 및 F&B 그리고 서비스 판매가 주를 이루고 있으며 대부분 민간기업형이고 도매유통형이나 수출형은 많지 않다. 물론 상대적으로 서울의 창업자들은 글로벌 판로 개척을 시도하고 있기도 하다.

다만, 산·농·어촌 1차 상품이라도 (결과의 효능만 강조하는) 특산품 판매에 머물기보다는 콘텐츠를 더하고 (과정 중심의) 스토리텔링을 입혀 브랜딩을 업그레이드하고, 온라인 플랫폼을 적극적으로 이용하며 생산 이유와 방식을 새롭게 재구성하는 것이 특징

---

[*] 중소벤처기업부 공고 제2022-93호(2022. 1. 27.: 12.)

이다. 과거의 산업 기준으로 보면 새로운 농업 형태를 (기술이 추가되었다는 의미에서) 스마트 농업으로만 규정하겠지만, 제3차 창업 기준으로 보면 산·농·어촌에 대한 새로운 이미지 그리고 산·농·어촌을 잇는 순환경제철학까지 표방한다는 점이 과거의 산업과 다른 모습이다.

산지 상품뿐만 아니라 가공품 및 F&B 부분도 창의적인 것이 많다. 특히 음료 부문에서는 지역 이름을 브랜드로 하는 수제 맥주들이 많아졌고, 맥주뿐만 아니라 막걸리도 지역 정체성을 강조하는 상품이 많이 등장했다.

공간재생형

공간재생형은 고유의 사업장뿐 아니라 게스트하우스, 코워킹 스페이스, 메이커 스페이스 등도 포함한다. 2008년부터 국토부 도시재생사업이 시작되어 왔기 때문에 지역 공간재생형은 매우 많은 편이다.

우선 지역에서 창업하기 위해서는 사업장이든 거주지든 공간 확보가 필수적이며, 어쨌든 공간 변화는 눈으로 바로바로 확인할 수 있어서 성과가 더 많은 것으로 보이기도 한다.

그러나 도시재생 초기의 공간재생이 물리적인 공간 개조가 주를 이뤘다면 지금은 공간을 매개로 사람을 모으고 그 사람들이 공간과 지역변화를 연결하는 커뮤니티 빌딩 중심 지역 기획으로 진화하고 있다.

문화기획형

문화기획형은 독립서점이나 아티스트 인 스테이(Artist In Stay, AIR), 문화운동을 포함한다. 지역에서 청년창업이 진행될 때 콘텐츠 개발이나 창의적 문화작업이 주를 이루기 때문에 이 유형의 창업도 매우 많다.

과거 지역문화라고 하면 일방적인 축제와 공연이 주를 이루었고 그마저도 주민이 주체적으로 기획하고 운영한다기보다는 특정 기관의 주도로 기획되는 보여주기식 일회성 행사가 많은 편이었다. 지나치게 상업적이거나 대도시 공연의 재연 정도에 머물러 있었다.

그러나 지금은 주민이 기획하고, 일회성이 아니라 일상생활에서 누릴 수 있는 소소한 생활문화 기획이 많다.

또한, 아티스트 인 스테이의 경우는 지역체험형이기도 한데 본질에서는 문화활성화를 위한 문화기획형 프로젝트라고 볼 수 있다. 그 범위도 ─과거에는 아티스트라는 특정 직군에 국한되었지만─ 최근에는 아티스트뿐만 아니라 셰프, 작가, 창업자 등 대상을 확장하고 있다.

지역체험형

지역체험형은 한 달 살기, 워케이션 등을 들 수 있다. 초기에는 우선 지역 체류시간을 늘리는 한 달 살기가 유행하다가 어느 순간부터는 지역에서 일하면서 지역을 경험하는 워케이션 열풍이 불게 되었다.

이러한 지역체험형은 단순한 일회성 관광 차원을 벗어나 체류와 경험을 통해 지역에 대한 이해도와 관심도를 높이는 관계인구 개념으로 진화하고 있다.

농업지향형

우리 사회에서 농업은 꽤 오랜 시간 고달프고 어렵고 낙후된 이미지로 존재해왔다. 모든 경작의 수고로움과 부담은 개인의 몫이었고, 그 오랜 고통의 사이클 속에서 후계자마저 확보할 수 없어 곧 소멸할 것 같은 안타까운 산업이었다.

그러나 최근에는 청년 후계농 및 농업의 가치를 새로 평가하는 창업이 다양한 형태로 많이 등장하고 있다. F&B 창농뿐만 아니라 자연 힐링, 농사 품목을 중심으로 한 콘텐츠 제작, 플랫폼 창농, 투어리즘 창농 등을 통해 농업을 매개로 하여 산업으로서의 농업 가치와 자연자원 가치의 중요성을 전파하는 창업이 늘고 있다.

문제해결형

문제해결형은 장애인 문제, 환경예술, 환경캠페인, (산촌유학 등) 교육사업 등을 포함한다. 과거의 문제해결 방식이 일방적인 캠페인이나 목적지향성이 강한 사회운동으로 진행되었다면 최근의 문제해결형 사업은 문제에 대한 교육 및 문제를 중심으로 한 사업화에 주력한다.

즉, 문제를 모르는 사람에게 문제를 알리고 공동 해결 노력을 독려하는 방식보다는 IT를 통해 문제의 현실을 정확하게 시각화한다든가 교육 자체를 사업화와 연결하여 사회취약계층의 자립을 독려하는 방향으로 창업이 진행되는 것이다.

이와 같은 문제해결형 창업은 좀 더 진화한 사회운동 유형으로 볼 수도 있는데, 모두가 공감할 수 있는 문제해결 방식을 찾고 이를 통해 사회적으로 공동 조력할 수 있는 분위기를 형성하고자 한다는 점에서 그 의미를 찾을 수 있다.

미디어형

미디어형은 지역창업 현황이나 지역의 라이프스타일 및 창업을 소개하는 창업유형이다. 언뜻 보면 기존 매스미디어와 같이 지역에서 진행되는 사건과 이벤트를 보도만 하는, 즉 정보만 제공하는 유형으로 볼 수 있지만 실제로는 수많은 창업단체가 뉴스레터 발행, 매거진 발행, 유튜브 콘텐츠 제작 등을 통해 지역자원의 모든 것을 알리고 소통한다는 점에서 지역을 이해하는 또 다른 창업유형이자 메타로컬형 창업(meta-local startup)이라고 평가할 수 있다.

대표적인 것이 제주 재주상회가 발간하는 매거진 《인(iiin)》* 을 통해 확장된 제주 내에서의 지역활동이다. 2014년부터 계간으로 발행되며 한 번 발간할 때마다 만 부가 완판되는 《인(iiin)》이 지역정보 전문 매거진인 것은 맞지만, 2013년에 설립된 재주상회는 단순한 매거진 출판업체가 아니라 콘텐츠 그룹으로 활동하고 있다.

지역 잡지니까 지역성을 잃지 않는다. 재주상회가 커지면서 제주에서 해야 할 역할도 점점 커진다.

얼마 전에 제주에 광어가 많이 잡혔다. 그럼 가격이 내려가지 않나, 제주 광어 가격을 유지해야 해서 수협에서 광어를 사서 폐기하고 그랬다. 그러자 대표님이 겨울호 부록에 제주 광어 요리 미니북을 넣자고 하더라. 그래서 지금 그걸

---

*iiin은 'I'm in island now'의 약자이자 '있다'는 말의 제주식 표현인 '인'을 포함하여 '제주가 이 안에 있다'는 의미이다.

준비한다.

이런 경우에는 우리가 광고비를 받는 게 아니다. 해야 할 일이라고 생각해서 하는 거다…

(재주상회는) 매거진 발행을 시작으로 콘텐츠 제작 협업, 작가 에이전시, 전시와 공간 디자인, 브랜딩, 제주 라이프 스타일 디자인 굿즈 제작 등 다양한 방법으로 제주를 이야기하는 창작자들의 플랫폼이 되려고 한다.[*]

재주상회는 카페와 갤러리, 편집숍 운영뿐만 아니라 제주의 아티스트, 콘텐츠, 스토리를 발굴하고 최근에는 지역 브랜드 한림수직의 재생 프로젝트도 진행하고 있다.

이외에 활동 주체별로는 소규모 창업형, 협동조합·사회적기업형으로 구분할 수 있다.

첫째, 우리나라에서 지역창업의 태동기라고 할 수 있는 2010년대 초반이나 정부 지원이 본격화된 2015년 정도까지만 해도 민간기업이라기보다는 1인 창업자가 다수를 이루었다(중소벤처기업

---

[*] 최정순 재주상회 편집장. "한 번에 만 부, 찍으면 완판, 제주에서 가장 유명한 매거진."《오마이뉴스》 2020. 1. 6.)

부는 1인 창조기업 통계를 계속 생산하고 있다).

그러나 시간이 경과하고 어느 정도 업력이 축적되면서 사업체 형태를 띤 민간기업으로서 지역창업체가 늘고 있다. 대부분 혼자 운영하기보다는 적어도 세 명 이상이 팀을 이루고 필요한 경우에 외부와의 네트워킹이나 아웃소싱이 많은 편이다. 지역에서 인력을 충분히 확보하기 어렵기 때문이다.

둘째, 지역에는 소규모 창업형뿐만 아니라 협동조합과 사회적기업형도 많이 존재한다. 마을 단위의 조합 결성을 통한 창업 형태나 인건비의 상당 부분을 지원받는 사회적기업 형태 역시 지역에 많이 존재하는 창업 형태이다.

시장 범위별 유형으로는 지역내 소비형, 전국소비형(내수형), 수출형이 있는데, 첫째, 지역내 소비형은 지역에서 생산한 1차 상품, 가공품, 서비스 등을 지역 내에서 소비하는 유형이다. 지역창업은 역사가 오래되지 않은 만큼 규모가 작기도 하고, 한편으로는 끊임없는 양적 확장보다는 지역에서 '존재'할 수 있는 정도의 창업 규모를 지향하기도 한다. '많이 벌면 더 좋다'도 있지만 한편으로는 '적정한 규모로 벌면서 행복하고 싶다'는 가치도 지향하는 것이다.

둘째, 전국소비형은 내수형이라고도 볼 수 있는데, 지역 상품과 서비스를 다른 지역 및 대도시권에 판매하는 유형이다. 주로 온라인 판매망을 통해 전국으로 판로를 개척하거나 '지역 산물'의 존재를 알리고자 하는 형태로 진행된다.

셋째, 아직 많은 사례가 있는 것은 아니지만, 지역창업이라고 해서 반드시 국내 소비에만 머무는 것은 아니다. 시공간을 초월한 유통이 가능해진 네트워크 사회에서 상품 판로가 국내에 국한되는 것만은 아니기 때문이다.

이해를 돕기 위해 구분했을 뿐 이상과 같은 유형화가 반드시 효율적이라고 보기는 어렵다. 또한 지역창업의 현실을 보았을 때 아직은 도매유통형, 미디어형, 수출형 등은 매우 드문 것이 현실이다. 따라서 제2부에서는 미디어형을 제외한 6개 창업유형 사례를 살펴보고자 한다.

제2부

지역창업 사례

제3장
___

상품판매형 창업

특산품 판매에서 로컬 F&B로

지역창업 초창기의 제작 상품은 업체의 정체성이나 지역명을 강조한 굿즈(goods)가 많았다. 특산품 일변도의 판매보다 다소 다양화된 측면이 있었지만 소품종 판촉물 그 이상의 의미를 지니기는 어려웠다.

이런 유행이 한바탕 지난 후에 상품판매형 창업이 본격적으로 진행되기 시작했다. 대표적인 것이 수제맥주이다. 수제맥주 하나 없는 지역이 없을 정도로 전국에 수제맥주 창업 열풍이 일고 있다.

수제맥주 마케팅 중에는 재미있는 방식이 하나 있다. 바로 그 지역 인근에라도 가야만 그 수제맥주를 구매할 수 있는 것이다. 이는 제작자들이 전국 판로를 개척하지 못해서가 아니라 일부러 그렇게 한 것이다. 지역에 관심을 갖고 지역에 찾아오게 하고 싶다는 것이다. 지역창업자들의 색다른 경영전략이 돋보이는 대목이다.

수제맥주뿐만 아니라 다양한 로컬 F&B 분야의 확대가 이루어지고 있지만 아직 압도적인 인기 상품이 많은 것은 아니다. 또한 F&B가 아닌 다양한 제품이 있다고 보기도 어려운 상황이다. 여기에는 지역에서 창업하기 때문에 발생하는 입지 조건상의 문제도 한몫한다.

로컬 시제품 제작과 테스트베드 확보의 어려움

지역창업이 좀 더 진행된 최근에는 독특한 아이템의 상품들이 등장하고 있다. 2019년 설립된 리얼브릭(진주, http://real-brick.net)은 DIY 디오라마* 브랜드로서, 현실과 유사한 소재(모르타르 목재)의 미니어처 벽돌 제품으로 DIY 모형 키트를 생산

한다.

일종의 키덜트(kidult, kid+adult)를 위한 장난감을 제작한다고 볼 수 있는데, 팬데믹 이후 집콕 생활이 늘어나면서 2021년 미니어처 시장 매출은 2020년 대비 363% 증가할 정도로 인기가 높아졌다. **

대학의 창업지원 프로그램으로 종잣돈을 마련하고 문화콘텐츠 제작으로 판로를 개척하여 (유사 업종이 있긴 하지만) 독자적인 분야를 구축한 리얼브릭은 (대부분의 업체가 그렇듯이) 초기부터 소위 대박 난, 잘 나가던 업체는 아니었다.

일정 시간 동안 시행착오와 고민을 겪었고, 그 고비를 극복하면서 점차 성장하고 있다. 리얼브릭이 자체 제작을 하게 된 것은 뜻밖에도 편하게 사용할 수 있는 시제품 제작 시설이 많지 않았기 때문이었다.

레이저 커팅기나 3D프린터를 편하게 사용하기 어려운 상황

---

* 디오라마(diorama)는 배경 위에 모형을 설치하여 하나의 장면을 만드는 것 혹은 그 배치를 의미한다. 파노라마(panorama)가 실제 환경에 가깝도록 실물이나 모형을 배치하는 데 비해 디오라마는 주위 환경이나 배경을 그림으로 하고, '축소' 모형을 배치한다는 점이 다르다. (두산백과)
** 위메프 조사결과("리얼브릭, 현실감 있는 실소재 미니어처 만나보세요." 《조선일보》 2021. 5. 24.)

에서 고가의 제작 장비가 필요하지 않은 미니 블록 쪽으로 방향을 선회한 것이다. 결과적으로 리얼브릭은 그 상품으로 대박이 났지만 청년의 지역창업에서 이렇게 소량의 시제품을 제작하거나 고가의 기기를 편하게 사용할 수 있는 시설, 그리고 충분한 시장의 반응을 볼 수 있는 테스트베드는 매우 부족한 상황이다.

시제품과 판로 개척의 티핑포인트: 온라인 콘텐츠

한편, 지역창업체가 이렇게 어려움을 극복하는 과정에서는 온라인 콘텐츠의 반응이 중요한 티핑포인트가 되는 경우가 많다.

처음에는 (미니어처) 자동차를 둘 때 뒤에 배경으로 둘 수 있는 디오라마를 만들어서 팔아보겠다며 시작했는데 약간 패착이었어요. 사진 찍어서 올리면 홍보는 좀 되었지만 실질적인 판매로 이어지지는 않았습니다.

제일 큰 문제가 (아무리 미니어처라도) 자동차도 크고 그 배경인 디오라마도 컸던 거죠. 무게도 무거우니 집에 보관하기도 어려운 상품이었어요. 원래 계획대로 하던 게 그렇

〈표 6〉 리얼브릭의 유튜브 인기 동영상

제목	조회 수
테트라포드 만들기	220만 회
미니어처 벽돌로 보도블록 공사하기	62만 회
보도블록 & 파레트 만들기	27만 회
티라노사우루스 발굴하기	22만 회
미니어처 방파제 만들기	19만 회
버스정류장 만들기	14만 회
미니어처 내구성 테스트	13만 회

＊출처: https://www.youtube.com/c/RealBrick

게 흐트러지니까 당장 내일 뭘 해야 할지도 모르는 어려운
상황이 되었어요.

그래서 이럴 바에야 지금까지 만든 걸로 유튜브라도 찍
어보자는 생각에 급격하게 방향을 틀어 미니 블록을 제작
하는 과정을 유튜브에 올리기 시작했어요. 그게 점차 반응
이 왔습니다.＊

＊주현우(리얼브릭 대표)

이런 과정을 통해 단순 디오라마 제품 제작만이 아닌 조립용 키트, 영상 제작, 장난감 제품 기획 등 리얼브릭의 주력 분야가 탄생했다. 지금 유튜브의 리얼브릭 채널에는 방파제, 테트라포드, 진주성 등 경남의 자연자원을 배경으로 촬영한 디오라마 영상이 올라와 큰 인기를 끌고 있다.

완제품 +α: 제작 경험 제공

리얼브릭은 완제품이 아닌 제작 키트 제공을 통해 '만드는 경험'을 추구한다. 소비자가 생동감을 느낄 만한 소재로 성취감을 느끼게 하는 것이다. 일방적으로 상품을 판매하는 것이 아니라 소비자가 스스로 해볼 수 있는 경험을 제공하는 것은 지역창업 상품의 또 다른 특징이라고 볼 수 있다.

제4장

공간재생형 창업

공 간 개 조 에 서 지 역 문 화 기 획 으 로

공간재생형 창업은 물리적 공간 개조부터 공간을 거점으로 한 지역기획까지 그 범위가 매우 넓다. 공간 거점이 있으면 단순히 한 공간만 사업목적에 맞게 개조하는 데 그치는 것이 아니라 지역에서 할 수 있는 사업이 매우 많다는 의미이다.

초기의 공간재생형 창업이 주목받았던 이유는 대부분의 지역재생이 도시재생, 즉 건물 외관을 바꾸는 것에서 시작했기 때문이다. 폐공간 개조 효과를 바로 눈으로 확인할 수 있었던 것이다.

그러나 이제는 공간 개조를 넘어 공간 안에 삶과 문화를 담

는 경향이 더 확산되고 있다. 어반 플레이(서울)는 공간 소유주와
의 공간 활용 계약 방식으로 공간을 소유하지 않고도 낡은 공간
을 개조하여 사업모델을 만들었고, 서울 연남동을 시작으로 전국
지역의 모습을 그야말로 힙하게 매력적으로 변화시켰다.

그 외에 폐조선소를 개조한 칠성조선소(속초), 폐우사를 갤
러리로 개조한 소집(강릉), 폐양조장을 펍으로 개조한 버드나무
브루어리(강릉), 폐양조장을 복합문화공간으로 개조한 리플레이
스(문경) 등의 사례는 낡은 것을 부수고 새로 짓는 방식보다는 낡
은 것을 재해석하여 하나의 새로운 스타일을 만들었기 때문에 독
창적이고 창의적이라고 평가받고 있다.

거제 장승포를 거점으로 활동하고 있는 ㈜공유를 위한 창조
(이하 공유창조, https://outdoorvillage.kr)는 '아웃도어 아일랜드
(Outdoor Island)'라는 브랜드로, 한때 조선업으로 눈부신 성장
을 달리다가 쇠퇴한, 장승포*의 작은 마을에서 그야말로 사부작
사부작 활동을 전개하고 있다. 아웃도어 아일랜드는 '아웃도어
가 있는 섬'이라는 의미다.

---

*1995년 도농통합으로 거제군과 장승포시가 통합된 후에 최근 5년간 2,500여 명
이 장승포를 떠났다. 2019년 장승포동에 1년 이상 비어 있는 집은 29%에 달했다.

빈 공간의 가능성과 비전

공유창조가 부산을 떠나 거제로 이주할 때 팀원 간에 합의
했던 조건은 첫째, 부산과 가까운 동네, 둘째, 바다가 있는 동네,
셋째, 걷기 좋은 동네, 넷째, 낙후되었더라도 편의점은 있는 동네,
다섯째, 팀의 역할이 있는 동네였다.[*]

동네를 선택한 기준 중에서 여가생활의 비중이 꽤 높았던
편인데, 그래서인지 거제도에 막 정착했을 무렵에는 일보다
노는 것이 우선이었다. 정말로 우리가 즐겁게 지낼 수 있는
동네인지 알고 싶었다…
거제도는 '조선업'이 대표인 도시이지만 사실 그 뒤로는
도시와 시골, 산과 바다, 수산업과 공업이 존재하는, 잘 즐
기고 잘 놀 수 있는 자들을 위한 섬 아닐까.[**]

공유창조가 주목하는 동네는 사람들이 빠져나갔거나, 빠져
나가는 중이거나, 그로 인해 동네의 기본적인 기능들 —슈퍼마켓,

---

[*]박은진·박정일·손유진(2020: 26)
[**]박은진·박정일·손유진·이효원·이세원·박수진(2021: 56)

철물점, 음식점, 미용실— 이 사라져가는 곳이다. 그렇게 비어가는 곳에서 다양한 변화를 시도할 가능성을 발견하고, 상품, 축제 혹은 공간으로 그 가능성을 구현한다.[*]

(지금 있는) 이곳의 거리가 바뀌면 좋겠어요. 코워킹 스페이스, 카페, 게스트하우스, 공유주방, 메이커 스페이스가 있는데 패브릭 공방, 판매장, 전시장, 캠핑용품 렌트숍 등 아웃도어 콘셉트의 거리가 되면 좋을 것 같아요.

거기까지가 우리의 역할이고 그다음에 들어오는 사람들은 그들 나름의 변화를 도모하는 식으로 이어지길 바라요.

물론 상업적으로 붐비는 '○○길' 콘셉트는 절대로 아니에요. 그냥 이곳에서 일과 여가를 함께하며 계속 자유롭게 살아갈 수 있기를 바라요.[**]

공유창조가 공유공간을 만드는 목적은 살고 싶은 동네를 만들고 싶어서이다. 텅 빈 공간을 새로운 시대에 맞는 새로운 표현법으로 재해석하고 채워가는 실험을 로컬의 가능성이라 여기며

---

[*] 박은진·박정일·손유진(2020: 21)
[**] 박은진(공유를 위한 창조 대표)

그런 역할을 수행하고자 하는 것이다. 그러기 위해서는 지역 '감수성'과 '공기'의 전환 혹은 성숙이 필수인 것 같다.

그런 의미에서 기능적인 관점으로 공간을 계속 새로 짓기만 하지는 않는다. 빈집일 것, 외관과 구조가 매력적인 건물일 것, 흥미로운 이야기와 역사를 담고 있을 것이라는 기초조건이 성립되면 그 건물을 그 동네에 정착한 청년이 살고 싶은 곳으로 만들고자 한다.*

복합형 공간 매니지먼트

2019년 이주한 지금의 거점 거제 장승포에서는 아웃도어 라운지 '밧'**, 라이프 편집숍 '여가', 공유주방 및 게스트하우스 '거가'를 마련했으며, 2022년 5월에는 메이커·코워킹 스페이스인 '메이커스 캠프(maker's camp)'도 개소할 예정이다.

'밧'***은 한 달 살기, 마켓, 만남의 공간, 카페 등 역할이 다

---

* 박은진·박정일·손유진(2020: 28-29)
** '밧'은 장승포의 바다(바)+강(ㄱ)+산(ㅅ)을 합친 말이다. 즉 공유창조의 자연환경을 함축한 표현이다.
*** 박은진·박정일·손유진·이효원·이세원·박수진(2021: 52)

양한 곳이고, '여가'는 1930년대에 지어진 적산가옥을 개조하여 편집숍, 공유서재, 오피스로 활용하는 공간이다.

공유창조는 하드웨어 중심의 설계나 시공뿐만 아니라 공간 매니지먼트(space management)에도 주력한다. 로컬 프로듀스 프로그램(Local PD Program)으로 지역 유휴공간을 기획하는 기획자 양성과정을 운영했고, 지역재생 프로그램을 기획하며, 인사이트 투어(Insight Tour Program) 프로그램 및 각종 컨설팅, 연구, 이벤트, 기획과 출판을 한다.

도시계획은 하드웨어 중심으로 이루어지는데 우리는 그 안에 사는 사람들에게 관심이 많은 편이다… 우리가 말하는 커뮤니티 공간이란 함께할 수 있는 사람들이 모이는 공간을 의미한다.*

*박은진(공유를 위한 창조 대표)

커뮤니티 중심의 공간 제작

지역 커뮤니티 기반으로 공유공간의 임팩트를 만들고자 하는 공유창조는 2014년 설립되었다. 2017년 부산시 공유경제기업, 2019년 국토교통형 예비사회적기업, 2019년 부산시 도시재생 전문기업으로 지정되었다. 2019년 거제 장승포로 이전하여 2021년 행안부 청년마을 사업을 수행했고, 2022년에는 해수부 포스트 어촌뉴딜사업에 선정되었다.

공유창조는 동네에 필요한 커뮤니티 공유공간을 만드는 일을 해오면서 '살고 싶은 동네'를 만들고자 한다. 거제로 이주하기전, 부산에서는 '도시 민박촌 이바구캠프'(부산 동구 초량동), '우리가 사랑방'(부산 영도구 봉래동), '포플러 음악다방'(부산 사상구 감전동)이라는 공유공간을 기획했었다.

공유창조는 '밖'과 '여가' 제작기를 출판한 바 있다. 그 안에는 공유공간의 의미에 대한 깊은 성찰이 담겨 있다.* 우선, 공간을 열기 전에 커뮤니티를 만들고, 커뮤니티 프로그램을 시험해보면서 공간의 가치를 공유하고, 직·간접적 공간 경험을 만드는 작업을 선행했다.

＊박은진·박정일·손유진(2020: 70-72, 104-105, 171)

온라인으로 공간 제작 과정을 공유하며 공간을 응원해줄 사람을 만들어 관계를 형성하고, 오프라인으로는 로컬 커뮤니티를 중심으로 공간의 가치를 공유했다. 일시적인 화제성보다 공간을 꾸준히 응원하고 적극적으로 활용해줄 작은 관계부터 맺은 것이다.

그러한 과정을 통해 살고 싶은 동네 만들기의 시작에는 공간 말고도 커뮤니티가 필요하다고 느꼈다고 한다. 궁극적으로 만들고 싶은 것은 단일 공간이 아니라 공간과 관계가 형성하는 동네, 그 동네의 라이프스타일이었기 때문이다.

〈표 7〉 공유창조가 공유공간을 만들면서 느낀 점

1	공간을 만드는 과정을 온·오프라인으로 수시로 공유할 것
2	공간을 만들기 시작한 시점부터 공간에 주목하는 '한 사람'을 만들 것
3	이슈는 어디까지나 일시적이므로 장기적으로 꾸준히 우리를 응원해줄 누군가와 작은 관계부터 맺기
4	작은 관계는 소소한 프로젝트를 함께하는 것으로 시작하기
5	커뮤니티 만들기. 공간이 추구하는 가치에 기꺼이 공감해줄 사람들을 모으기
6	공간 소비가 아닌, 공간 활용(utilize)의 관점에서 공간 운영하기
7	생산적으로 공간 운영하기
8	이 모든 것들을 이웃, 동네 사람들, 공간의 팬(fan)과 함께 즐기기

＊출처: 박은진·박정일·손유진(2020: 70)

유연한 팀 빌딩

공유창조는 핵심 구성원 외에 체류, 체험 팀원을 지속해서 늘리고 있다. 그러나 모집 광고를 대대적으로 내걸고 근무자를 채용하는 방식이 아니라 2021년에 수행한 행안부 청년마을 체험자들이 절로 좋아서 공유창조에 남거나 아니면 매월 한 명씩 20일간 길게 공유창조 문화를 체험하는 멤버를 모으는 방식으로 커뮤니티를 형성한다.

우리가 하는 콘텐츠에 흥미를 느낀 사람이 오면 좋겠다. 시작점은 거제 사람이면 좋겠다. 그렇게 거제 사람이 즐기다 보면 자연스럽게 외지인도 올 거로 생각한다.*

즉, 다수를 한 번에 넓게 모집하는 것이 아니라 한 사람과 깊게(deep) 생활하는 방식이다. 이런 방식이면 언제 성장하고 언제 사업을 확대할 것인가라며 우려를 표할 수 있지만, 긴 호흡으로 보면 이것이 위험성(risk)을 줄일 수 있는 단단한 방식일 수 있다.

---

*박은진(공유를 위한 창조 대표).

〈그림 3〉 하이퍼로컬 캠프 팀원 모집 공고

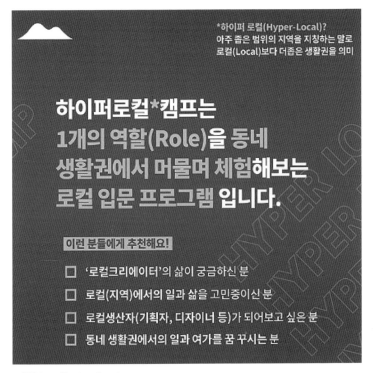

＊출처: https://outdoorvillage.kr

등로주의 철학

공유창조는 커뮤니티 공유공간을 만들며 액티비티 문화프로젝트를 진행하는 업체이다. 궁극적으로는 거점인 거제 장승포시의 작은 마을을 캠핑 스트리트로 만들고자 하지만 그렇다고 무턱대고 새 공간 만들기에 혈안이 되어 있는 것은 아니다. '일상적인 아웃도어 라이프'를 지향하기 때문이다.[*]

커뮤니티를 디자인하고, 지역 커뮤니티 네트워크를 만드는 과정은 빠른 제작라인을 통해 상품 제작을 하는 과정과는 다르게 시간이 오래 걸린다. 무엇보다 팀 내에서 목표에 대한 합의가 이루어져야 하고, 방식에 대한 의논 시간이 필요하며, 구현하는 방법도 최대한 스스로 하는 방향으로 진행해야 하기 때문이다.

'지역의 커뮤니티와 공유공간을 통해 지속가능한 마을을 만든다'는 공유창조의 소셜 미션(social mission)은 속도전보다는 등로주의(mummerism)를 통해 진행된다.[**] 등로주의는 어떤 경로든 산꼭대기의 목표를 향해 산을 오르면 끝나고 마는 등정주의(peak hunting)가 아니라 좀 더 다양한 루트를 개척하며 어려운

---

[*] 공유를 위한 창조(2021: 12)
[**] 등로주의는 19세기 말 영국의 머메리(A. F. Mummery)가 창시한 정신이다.

등반 과정 자체를 즐긴다는 것이고 그것이 필요하다고 여기는 정신이다.

실제로 방문하면 역동적인 활기보다는 고요한 고즈넉함이 전부라서 방문자는 당황스러울지 모르지만 정중동의 움직임처럼 공유창조 멤버들은 조용히 그러나 부지런히 움직이며 작업을 진행한다. 천천히 산을 오르며 그 과정을 즐기는 등로주의 철학이 사업공간과 지역 분위기에도 잘 드러나 있는 것이다.

공유창조는 언뜻 보면 공간 개조를 주목적으로 하는 건축사 같기도 하고, 로컬 투어나 액티비티 프로그램을 진행하는 여행사 같기도 하고, 한편으로는 공유할 수 있다면 모든 공간을 기획하고 싶어 하는 지역재생 전문기업 같기도 하다. 결코 하나로 규정할 수 없는 청년 지역창업체의 복합성이 그대로 반영된 업체인 것이다.

공유공간과 커뮤니티의 접점에 주목하는 공유창조가 공유공간을 만들고자 하는 이들에게 남기는 질문은 공간재생형 창업이 한 번쯤 깊게 고민해야 할 좋은 시사점을 제공한다.

〈표 8〉 공유창조가 제시하는, 공유공간 만들 때 생각해보아야 할 점

1	당신이 공유공간을 만드는 이유는 무엇인가요
2	당신은 공간을 통해 무엇을 공유할 건가요
3	당신이 공유를 통해 추구하고자 하는 가치는 무엇인가요
4	당신이 공간을 만들 장소로 그 지역을 선택한 이유는 무엇인가요
5	그 지역은 어떤 곳인가요
6	그 지역을 리서치하기 위해 당신은 무엇을 할 건가요
7	당신의 공유공간 만들기에 함께해줄 수 있는 개인, 혹은 조직이 있나요. 있다면 각 주체의 역할은 무엇인가요
8	당신이 생각하는 공유공간이란 무엇인가요. 그 공간은 지역에서 어떤 역할을 하나요

＊출처: 박은진·박정일·손유진(2020: 171)

제5장

문화기획형 창업

역 전 략 도 전 략 이 다

웬만한 지역창업체가 있는 곳이라면 독립서점과 작은 갤러리 정도는 쉽게 볼 수 있다. 그러나 여전히 본격적인 지역 자생적인 문화기획업체는 매우 부족하다. 그런 현실에서 진주를 기반으로 활동하는 문화이벤트기획업체가 있다.

2019년 설립한 소켓(Socket, http://so-cket.com)은 모우미(진주, https://moumi-shop.com)라는 문화플랫폼을 운영하며 공연기획, 장비 운용, 티켓 판매를 하는 업체이다. 주로 음악 영역의 문화예술을 전문으로 다룬다.

LH소셜벤처 창업지원사업(2019년), 경남문화예술진흥원 온라인 미디어 예술활동지원사업(2020년), 경남청년 함께가치 공모사업(2020년), 경남청년센터 청년프로젝트 지원사업(2020년), 청년 로컬크리에이터 육성지원 사업(2021년) 등의 실적이 있다.

이렇게 많은 문화사업을 전개하는 소켓의 전국과 경남의 활동 비중은 5:5 정도다. 그런데도 경남 그것도 진주에 있는 이유를 물었더니 이런 답을 했다.

> 서울에는 이미 날고 기는 분들이 많아요. 그래서 우리는 하향식보다는 상향식 방식을 택했어요. 어떻게 보면 시장에 역진입하는 방식이죠. 지역을 바탕으로 기반을 잘 닦은 후에 수도권으로 진출하겠다는 전략이에요.[*]

따지고 보면 서울에서 수도권에서 성공했다고 지역으로 파고드는 전략은 애초에 존재하지 않는다. 다만 '수도권에서 성공했으니 지역에서도 잘 받아들여지겠거니' 하는 정도의 하향식 전략이 있는 정도다. 그런 의미에서 보면 소켓의 상향식 전략은 확실히 '역전략'이다.

---

[*]유대현(소켓 대표)

그러나 그러한 역전략이 더 효과적일 수 있다. 그리고 이렇게 지역을 기반으로 한 단단한 업체들이 나오는 것이 전체적으로는 훨씬 더 효과적일 수 있다.

모든 업체가 레드오션인 수도권으로 몰려들면 사람이나 기술을 구하기 쉽고 경쟁 속에서 업력이 늘 수도 있지만, 지역에는 아무도 남지 않는 지역불균형이 커지는 폐해도 발생할 수 있다. 또한 지역에서 성공한 업체가 지역을 기반으로 전국으로 진출한다는 것이 훨씬 순차적이고 납득할 수 있는 모양새이다. 그런 의미에서 소켓의 역전략은 사실은 정공법의 순전략인 것이다.

예술과 지역·사람·공간 연결

활동 초기에 소켓은 미술 렌털 플랫폼 아이디어에서 착안하여 공연 티켓 판매 플랫폼을 만들고자 했다. 그러나 구성원들의 다수가 개발자였기 때문에 전국 지역의 공연을 모아서 인스타그램에 홍보하는 활동을 했다. 그러다 공간주들이 직접 공연을 기획해달라고 의뢰하는 경우가 늘면서 공연을 기획하고 아티스트에게 장비까지 대여해주는 종합문화기획사로 전환하게 되었다.

이런 소켓이 지향하는 것은 '문턱 없이 누구나 편하게 즐길 수 있는 문화예술'이다. 그 가치를 실현하기 위해 지역과 공연을 연결하고 사람과 예술을 연결하고, 공연과 공간을 연결한다. 결국, 연결의 철학을 지역 내에서 전방위적으로 실천하는 것이다.

마을 어디서나 신명 나는 공연을 볼 수 있고 풍류를 즐기던 홍의 민족에게 공연 보는 것이 큰맘을 먹어야만 하는 거창하고 사치스러운 일이 된 오늘날.

소켓은 문화예술을 즐기는 것이 일상적이고 익숙한 사회를 만들어가고자 합니다. 대도시를 가지 않더라도, 문화예술회관을 가지 않더라도 누릴 수 있는 공연을 통해 문화예술 향유의 진입 장벽을 낮추고 더 나은 사회를 만들어갈 예술인을 지지합니다.

예술가에게는 한정된 무대공간과 관객개발의 어려움에서 더 많은 일상 속의 무대 기회를.

지역민에게는 번거로웠던 공연 탐색이 쉽고 편하게, 더 많은 문화생활의 기회를 누릴 수 있도록.

그래서 모두가 살아가는 지역사회에서 '문화예술 향유의 일상화'가 실현될 수 있도록 소켓은 집 근처에서 누릴 수 있는 크고 작은 공연들을 만들기 위해 고민하고 일합니다.

이를 위해 소켓은 예술과 사람 사이의 연결고리 역할을

하며 서로의 필요를 연결합니다.

전구에 불을 밝히기 위해 필요한 소켓처럼 SOCKET은
예술과 사람 사이의 연결고리가 되고자 합니다.*

〈그림 4〉 소켓의 지역문화 예술 프로젝트

경상남도 청년 상생·협력 프로젝트 청년함께가치 공모사업
음악X미술 콜라보 프로젝트 '꽃별천지'   *자세히*

경남음악창작소 뮤지시스 도내공연지원사업
우리가족 힐링음악여행 '피크닉콘서트'   *자세히*

한국출판문화산업진흥원 심상오오 청년인문실험
지역예술인 네트워킹 '지방러의 슬기로운 예...'   *자세히*

서울특별시 청년교류공간 청년현장발굴지원사업 OO로드
문화공간담방 '집앞의 예술을 잇다' 견문록 출판   *자세히*

경남음악창작소 뮤지시스 온라인 쇼케이스 용역사업
온라인 쇼케이스 'Imagine : 상상의 힘으로'   *자세히*

경상남도 청년온나 청년프로젝트 지원사업
'사부실 이어폰서트' 운영 및 인터뷰집 단행...   *자세히*

＊출처: http://so-cket.com/project

＊http://so-cket.com/about

소켓은 아티스트 입장에서는 단순 행사보다 '자기' 공연을 할 수 있도록 지원하고, 공간주의 입장에서는 손님에게 좋은 공연을 제공할 수 있도록 지원한다.

말하자면 대형기획사나 공연전문기획사가 지역에서 실현하지 못하는 틈새시장을 노리는 전략일 수도 있는데, '사무실 이어폰 콘서트', '집앞의 예술을 잇다', '우리가족 힐링 음악여행', '지역예술인 네트워킹' 등 공연 아이템이 신선한 것도 큰 장점이다.

소 비 자 가 아 니 라 파 트 너

자본주의사회에서 기업이 소비자를 파트너라고 여기기는 쉽지 않다. 어쩌면 그저 말장난이라고 여길 수도 있다. 소비자의 '소비' 때문에 기업이 존재할 수 있으므로 이윤을 공유하지 않는 소비자는 그저 소비자일 뿐 결코 파트너가 될 수 없다.

그런데 소켓은 자신들 사업의 가치사슬(value chain) 내에 들어와 있는 모든 거래처의 마음을 더 헤아리려고 노력하며, 이들과 이들의 고객을 모두 파트너로 생각한다.

과연 공간주는 나에게 있어서 고객인가 파트너인가에 대

해 많이 고민했어요. 결론은 이분들이 돈을 주지만 파트너라는 거예요.

왜냐하면 배달의민족한테 소상공인들이 파트너인 것처럼 말이죠. 우리 파트너의 고객이 우리의 고객이라고 생각했기 때문에 문화예술을 향유하고자 하는 지역주민도 우리의 고객이라고 생각합니다.[*]

자생적인 커뮤니티 빌딩 네트워크

진주 망경동의 오랜 주택가에서 2017년부터 커뮤니티 공간을 운영하는 도시달팽이(진주)는 도시 커뮤니티 모임을 운영하고 진주의 문화지도를 제작했다. 2020년에는 행정안전부가 주관한 '2020년 지역공동체 활동 우수사례 공모'에서 우수사례로 선정되어 행정안전부 장관상을 받았다.

도시달팽이는 하나의 문화기획형 창업자로 규정하기 어려운 수많은 활동을 전개하고 있다. 누군가는 도시달팽이의 커뮤니티 공간을 '공방카페'라고 부르기도 한다. 지역의 일이라면 활동 경

---

[*] 유대현(소켓 대표)

계가 없는 느낌마저 있다.

도시달팽이는 2017년부터 그림, 독서, 글쓰기, 교육 등 11개 커뮤니티를 형성했으며 현재 90여 명의 주민이 참여하고 있다. 또한 문화와 교육 활동이 어려운 망경동 일대의 노후 단독주택 밀집 지역에 마을 어르신과 아이들이 문화활동 주체로 참여하는 프로그램을 운영하며 전시회, 북토크, 한보따리 책방시장 이벤트 개최, 망경동을 주제로 한 각종 상품(노래, 머그컵, 북링 등) 제작 등 활발한 활동으로 커뮤니티 빌딩 및 주민 소통에 기여했다.[*]

제가 공간을 가지고 있지만 모임 하나하나를 기획하거나 만들지는 않아요. 모임을 가진 분들, 모임을 만들고 싶은 분들이 "우리 이런 모임 여기서 해도 돼요"라고 하면 "같이 합시다"라고 해서 만들어지고, 또 오신 분들끼리 "우리 좀 다른 거 해볼까요" 하면 또 다른 모임이 만들어지면서 모임이 늘어가요. 모임들이 계속 늘어나다 보니까 11개까지 늘어났어요.[**]

* "진주시 망경동 문화공동체 '도시달팽이' 우수사례 선정."(《경남도민신문》 2020. 12. 15.)
** 이태곤(도시달팽이 대표)

그렇다고 이태곤 도시달팽이 대표가 일방적으로 모임을 기획하고 개최하는 것은 아니다. 정기적·비정기적으로 모이는 사람들이 자생적으로 커뮤니티를 형성하며 이어지는 것이다.

마을 맵핑과 마을 이야기

수많은 도시달팽이 활동에서 가장 눈에 띄는 것은 「진주마을여행지도」이다. 지금, 이 순간에도 전국의 많은 지역에서 자생적으로 자신의 마을을 알리기 위한 자체 지도 제작이 이어지고 있는데, 지도는 낯선 방문자들에게 지역정보를 제공하는 기능도 있지만, 지역주민 스스로 만들면서 자신들이 거주하는 지역을 이해하게 되는 효과도 있다.

커뮤니티가 그냥 공동체 활동이 아니고 그 활동을 통해서 수익을 만드는 콘텐츠를 생산할 수 있죠. 디자이너나 작가 같은 전문가만 콘텐츠를 만드는 게 아니고 일상을 사는 사람들의 이야기가 상품으로서 지역 고유의 특징을 형성할 수 있어요.
다른 사람이 보기에는 어설플 수도 있지만 그 활동들이

지속되고, 거기서 나오는 그림이나 글이 자꾸 다듬어지고 보태지다 보면 시간이 오래 걸리더라도 의미가 있다고 생각합니다.*

매 순간 변해가고 있는 마을의 이야기를 (지도에) 온전히 담았다고 자신할 수 없다. 그러나 시작이 있고, 몇 달 혹은 일 년에 한 번씩이라도 지도를 만들어간다면 담지 못한 이야기들을 전할 수 있을 것이라는 생각에서 크게 아쉬운 것은 없다. 시간과 금전적 여유가 된다면 망경동뿐 아니라 진주의 곳곳을 마을 단위로 나눠 지도를 만들고 싶다.**

*이태곤(도시달팽이 대표)
**이태곤 도시달팽이 대표("세월 머금은 골목길에 사람 향기 물씬." 《경남도민일보》 2020. 6. 29.)

제6장

지역체험형 창업

단순 관광에서 체류와 경험으로

우리 사회에『아이들과 제주도에서 한 달 살기』같은 류의 책이 나온 것은 2011년부터이고, 이것이 제주 한 달 살기 등 사회 신드롬으로 확산된 것은 2014년 정도부터이다. 이 신드롬에는 킨포크 라이프스타일(Kinfolk Lifestyle)의 유행과 에어비앤비(airbnb)의 서비스가 백업(backup) 요소로 작동했다.

최근에는 워케이션이 유행하고 있다. 워케이션(workation)은 일(work)과 휴가(vacation)의 합성어로서 원래는 휴가지 등에서 일하는 새로운 노동 방식이지만, 이제는 휴가지에 국한되지 않고 전국 지역 어디서나 워케이션을 유치하려고 경쟁 중이다.

모바일 미디어를 이용한 새로운 노동 방식을 연구하는 마쓰시타 게타(松下慶太)의 분석에 의하면 워케이션은 '일상적 비일상'과 '비일상적 일상'을 동시에 구현하면서, 노동과 휴가를 구분하는 고정관념을 바꿀 가능성이 있다.*

긍정적인 면으로 본다면 대도시에서 전혀 타 지역을 체험해 보지 못한 인구에게 지역 체류와 경험을 통해 지역의 분위기와 멋을 느끼게 하는 효과를 기대할 수 있다. 그리고 수도권 중심의 사고방식에서 벗어나 어느 곳이나 사람 사는 곳이라는 너무도 당연한 사실을 실감하게 하는 효과도 기대할 수 있을 것이다.

그러나 비판적 관점으로 보면 교통이 아무리 발전해도 자기 차량이 아닌 이상 비수도권 지역 간 이동은 정말 불편하고, 노동 시간이 단축됐다고 하지만 누군가는 초근(초과근무)과 야근으로 헉헉거리는 것이 현실이다. 워케이션은 지나치게 낭만화한 신기루일 뿐이며, 육아와 일만으로도 벅차고 바쁜데 여기저기 자유롭게 이동하면서 움직일 수 있는 인구(노마드 인구)는 특정 프리랜서 전문직이나 1인 가구뿐이라고 이의를 제기할 수도 있다.

기업은 보안 문제 때문에 워케이션을 꺼리게 된다, 현실적으

---

*松下慶太(2019)

로 '일'과 '휴가'는 분리하는 것이 휴가의 제맛이다, 한 달만 사는 것으로는 지역을 제대로 파악하기 어려우니 적어도 사계절은 체험해봐야 한다는 의견도 있다. 관광산업의 새로운 상술일 뿐이라는 비판도 있다.

관계인구 정책의 유행

최근 우리나라에는 그 의미를 한 번에 이해하기 어려운 관계인구 개념을 우리식으로 적용한 새로운 개념들이 등장하고 있다.[*]

전북도는 2022년 1월, 지역 응원군으로 '함께인구' 개념을 도입해 전국 광역지자체 최초로 '전북사랑도민 제도'라는 새로운 인구정책 패러다임을 제시했다.[**] 함께인구는 '지역에 주소지를 두고 있지 않지만 다양한 관계를 맺고 지역을 찾거나 응원하는 사람'을 의미한다.

---

[*] "활력인구·귀촌유도·기본소득… '인구 늘리기' 묘수 짜내는 지자체."(《한겨레신문》 2022. 2. 28.)

[**] 전북도 대도약청년과 보도자료. 2022. 1. 24. "전북도, 함께인구 확보 위한 인구정책 패러다임 제시."

<그림 5> 전북 도민증 지급 혜택안

혜택(안)	지급 혜택	
기본혜택	모바일 도민증 발급, 소식지 제공, 유료시설 할인, 투어패스1일권 지급	

선별 혜택	실적 내용	지급 혜택
1단계	−방문·소비 3회 이상 −SNS 홍보 3회 이상	−전북 투어패스 지급 (2일권)
2단계	−방문·소비 5회 이상 −SNS 홍보 5회 이상	−선불카드(5만 원권)

＊출처: 전북도 대도약청년과 보도자료. 2022. 1. 24. "전북도, 함께인구 확보 위한 인구정책 패러다임 제시."

　　함께인구로서 전북사랑도민은 전북을 제외한 타 지역에 주소지를 두고 있으나 전북에 관심을 가지고 응원하며 지속해서 교류하는 사람으로서 도민에 준하는 권리와 의무를 부여한다.

　　구체적으로 전북 출향도민, 직장, 교육, 군 복무 등 지역 연고자, 정책적으로 관련이 있는 기타 연고자뿐만 아니라 「고향사랑 기부금에 관한 법률('21. 10. 19. 제정)」에 따른 기부자도 발급대상자에 포함된다.

　　의령군에서는 '주민등록 여부와 상관없이 해당 지역에서 활동하거나, 해당 지역을 자주 방문해서 머물며 생산·소비 활동하는 사람'을 '활력인구'라고 정의하였다.

경북도는 2021년 11월부터 주민등록지와 상관없이 경북과 관계를 맺고 살아가는 '생활인구'를 늘리는 방안을 추진하고 있다. 생활인구를 대상으로 '경북에 제2의 고향 만들기'를 추진하며 고향사랑기부제와의 연계도 도모하고 있다.

한 달 살기 및 워케이션을 노리는 지자체나 지역체험형 창업을 하는 업체들이 최근 표방하는 가치는 지역 체류와 경험을 통해 관계인구를 늘리겠다는 것이다. 그러나 관계인구 개념에 대해서는 좀 더 깊은 고민이 필요하다.

다차원적인 지역 관계

일본에서 시작한 관계인구* 개념과 정책의 형성 과정은 두 가지의 독특한 특성을 갖는다.

첫째, 사회적 경로를 통해 관계인구 개념이 등장했다. 일본

---

*관계인구 개념·정책·사례·유형·쟁점에 대해서는 총무성 관계인구 안내 (www.soumu.go.jp/kankeijinkou); "[로컬의 지속가능성(3)] 일본의 지역재생 ① 지역을 좋아하고 응원하는 '관계인구'."(《비로컬》 2021. 9. 30.); 田中輝美. (2017) 참조.

에서는 2004년 정도에 처음으로 관계인구 개념이 형성되었다. 잦은 자연재해로 피해를 본 지역에 청년들이 자원봉사자로 참여하면서 지역에 대한 '감'과 '선호'가 형성되기 시작했다.

비싼 교통요금 때문에 지역 간 이동이 활발하지 않은 상태였던 도시 청년들이 적극적으로 피해 복구 지원을 위해 지역으로 (과거와 비교해 상대적으로) 많이 이동하면서 '지역은 이런 곳이구나'라는 느낌을 갖고 지역을 이해하고 싶어지게 된 것이다.

그 결과, 봉사활동이 끝난 후에도 청년들은 그 지역에 오가면서 지역에 필요한 활동을 하거나 지역주민과 연락하거나 지역 관공서 인턴으로 활동하면서 지속해서 관계를 맺어왔다.

이런 이들의 활동은 유람하는 관광도 아니었고 완전히 지역에 이주한 것도 아니었다. 그보다는 자주 방문하거나 지역을 응원한다는 의미가 강했기 때문에 이들의 '관계성'을 강조하여 '관계' 인구라고 부르기 시작한 것이다.

둘째, 정책적 경로를 통해 관계인구 정책이 본격화되었다. 일본 총무성은 2016년부터 본격적으로 관계인구 정책을 추진하고 있다. 총무성은 관계인구를 '정주인구와 관광인구 사이에서 다양한 방식으로 지역에 기여하고 지역을 응원하는 새로운 인구계층'으로 정의한다. 노동시간 단축 및 워케이션 유행과 같은 환경 속에서 거주지와 다른 지역에 자주 접근하는 인구가 늘고 있다고 평가한 것이다.

〈그림 6〉 관계인구의 개념적 위치

거주 중심의 정책적 정의 외에도 관계인구에 대해서는 다양한 측면에서의 의미 부여가 이루어지고 있다.

첫째, 관계인구는 '소비와 납세에 얽매이지 않고 지역과 관계를 형성하는 인구'이다. 돈을 뿌리거나 세금을 내지 않아도 지역 재생에 기여하는 부분이 틀림없이 있다는 것이다.

인구의 유동성이 늘어나면서 특정한 선호가 형성되고 있다. 물론 다수의 인구가 관광객일 수 있다. 본질적인 의미에서 관광의 범위를 어디까지 정의할 수 있는가를 생각해봤을 때, 관광의 의미를 매우 넓게 거주지나 거주지 이외의 지역을 돌아보는 것이라고 정의한다면, 정말 여러 종류의 관광객이 늘고 있다. 이 가운데 좀 더 자주 방문하면서 사람과 지역을 더 깊게 이해하는 인구가 생기고 있다.

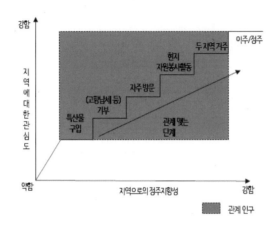

〈그림 7〉 관계인구의 다양한 활동 종류

＊출처: 田中輝美(2017: 172)

둘째, 지역재생전문 잡지 《소토코토(SOTOKOTO)》＊의 사시데 가즈마사(指出一正) 편집장은 관계인구를 '관광 이상, 이주 미

───────────
＊https://sotokoto-online.jp

만의 개념으로서 특정 지역에 계속해서 다양한 형태로 관여하는 제3의 인구'라고 정의한다. 기존의 협의적인 관광 개념에서 벗어나 지역주민과 이주자 그리고 그 운영 자체를 '자원'으로 하여 사람과 사람의 관계를 새롭게 육성하자는 전략이기도 하다.

> 관계인구는 결코 관계인구가 되는 쪽만 배우고 성장하고 경험을 축적해가는 것이 아닙니다. 그 땅을 찾는 새로운 사람과의 관계성에서 지역주민에게도 큰 영향과 인식의 변화를 줍니다. 마치 즐거운 캐치볼 같은 것입니다.[*]

그 연장선상에서 지역주민과 관계인구가 '운영' 그 자체를 자원으로 연결되는 프로젝트를 기획하여 성공하고 있는 히로시마현 오난정 하스미(島根県 邑南町 はすみ)지구가 내건 관계인구 슬로건은 '관광 그만둡니다. 관계 시작합니다'이기도 하다.

셋째, 지역창업자들이 늘어나면서 지역을 새롭게 바라볼 수 있는 계기가 형성되고 있다. 지역창업자들이 보내는 메시지는 여러 종류다. '우리 지역은 참 좋은 지역입니다', '나는 이 지역에서 이렇게 살고 있습니다', '이 지역에서 내가 만드는 상품과 문화는 이

---

[*] 사시데 가즈마사(指出一正, 《소토코토》 편집장)

런 것이에요' 등등 지역의 가치를 중심으로 창업한 이유와 그로 인한 변화에 대해 알리고 있다.

당연히, 알리는 만큼 듣는 사람이 생기고 서로 소통하면서 지역에 대한 이해도가 높아진다. 그들 역시 관계인구가 된다. 지역사회에서 이제까지는 개인이 지역에 투여한 시간이 유일한 권력의 척도였다면 앞으로는 사회적인 투여도도 권력의 척도로 작동할 것이다.

관계인구는 소통의 농도와 강도를 중심으로 보면 무조건 그 지역이 좋다는 단순 소통형부터 도시에 살면서도 지역에도 거점이 있는 두 지역 거주형(double local, 5도 2촌형으로도 부를 수 있다), 도시에서 지역 홍보 활동을 하거나 도시와 지역을 연결하는 역할을 하는 허브(hub)형, 지역에 살면서 행정과 협력하여 마을만들기 기획이나 여타 프로젝트를 운영하는 디렉터(director)형까지 다양한 유형이 있을 수 있다. 기부인구, 우호인구, 단기방문인구, 중장기 체류인구 등 관계인구 안에 수많은 인구유형이 포함되어 있다.

한편, 정주지향성과 관심도를 중심으로 구분하면 특산물 구입, 기부, 반복 방문 등을 하는 유사거주형, 팬데믹 이후 더욱 활성화되고 있는 온라인형, 오래전에는 강이 지역을 잇는 고속도로와 같은 역할을 했다는 의미에서 강을 중심으로 연결되는 유역형 관계인구가 있다고 구분할 수도 있다.

한편, 이러한 관계인구 증가정책에 대해 좀 더 지역에 도움이 되는 내실을 기해야 한다는 비판도 있다. 지역으로서는 일방적으로 외지인에게 지역에 관한 관심과 방문을 바랄 것이 아니라 관계인구가 새로운 소비에 공헌하거나 지역의 고부가가치 인력이 되어야 하는 점을 유념해야 한다는 것이다. 돈을 써서 관계인구를 모집하는 것이 아니라 외지인이 돈을 쓰고 싶도록 지역가치를 높여야 한다는 것이다.

거주인구나 교류인구가 아닌 제3의 인구로서의 관계인구를 강조하는 것이지만 '지역의 팬이 증가하면 지역이 잘될 것이라'는 환상도 많이 존재한다.

물론 팬이 증가하는 것은 매우 중요하다. 그러나 단순히 "팬입니다"라는 사람이 증가하는 것이 아니라 보다 구체적인 실천이 같이 나와줘야 한다.

"돈이 아닙니다. 서로의 관계가 중요해요"라고 말하면서도 행정예산으로 관계인구 만들기를 하는 것은 문제가 있다. 돈이 아닌 관계를 만들기 위해 돈이 쓰인다는 모순은 정말 환상의존적인 정책이다… 실제로 지역에 필요한 것은 단순히 유연한 관계를 맺은 인구가 아니라 명료하게 소비 또는 노동력이 되는 인구를 이주나 정주가 아닌 방법으로

확보하는 것이다.[*]

결과적으로, 관계인구가 효과적으로 증가하기 위해서는 첫째, 정주(stock) 중심의 인구 개념이 이동(flow) 중심의 인구 개념으로 전환되어야 한다. 기부나 자원봉사를 하더라도 인구 자체가 움직이고 있다는 관점으로 바라보아야 관계인구라는 존재가 더 명료하게 보일 것이다.

둘째, 체류시간만큼 관계성을 중심으로 인간관계를 바라보아야 한다. 일방적으로 도시 거주자에게 방문해달라고 부탁하는 방식의 관계가 아니라 관계인구는 마을(생각)을 공유하는 동료이므로 손님으로 취급하지 않고 수평적으로 소통할 수 있는 관계가 되어야 한다.

셋째, 교통 인프라 구축, 거점 공간 확보, 편리한 전입신고제도 마련 등 인프라와 제도 보완도 병행해야 한다. 번거로운 조건이 전제되면 관계성을 형성하는 것은 매우 어렵기 때문이다. 또한, '먹고사니즘'이 압도적인 이 사회에서 관계하고 싶은 지역을 '선택'한다는 것은 매우 이질적일 수 있다는 것도 고려해야 한다.

따라서 우선, 지역예비주민권(제2주민권과 같은 일종의 지역

---

[*] 木下齊(2021: 4장)

멤버십), 생활 콘텐츠 안내, 지역창업교육 같은 연성(soft) 콘텐츠 제공에서 시작하되 장기적으로는 지역 인프라와 같은 경성(hard) 조건을 좀 더 생활하기 좋은 조건으로 개선할 필요가 있다.

넷째, 무조건 관계인구를 늘리려고만 할 것이 아니라 관계인구 촉진을 위한 '관계안내소' 등을 효과적으로 운영해야 한다. 지역 특산물 판매나 유명 명승지 안내지도만 있는 관광안내소와 달리 관계안내소는 지역자원뿐만 아니라 커뮤니티, 사람 등을 폭넓게 안내하고 여러 종류의 생활지도를 제공할 수 있다.

이런 콘텐츠가 더 적극적으로 생산되면 이로써 지역에서 더 재미있게 살 수 있는 유용한 팁(tip), 지역에 필요한 일감 등을 소개하고, 더 나아가 지역창업 지원까지 할 수 있다. 이렇게 관계안내소가 활성화되면 지역에 접근하고 참여할 수 있는 관계인구가 더 늘어날 것이다.

다섯째, 주민의 입장에서 보면, 익명으로 왔다 가버리는 일회적 성격의 관광객보다 관계의 밀도가 상대적으로 높은 관계인구가 훨씬 더 이질적인 존재일 수 있다. 즉, 이렇게 주민의 종류가 다변화되면 예기치 못한 많은 문제와 부작용이 나타날 가능성도 매우 크다.

따라서, 이런 문제에 효과적으로 대응하기 위한 고민이 필요하다. 그 조정 역할은 개인, 지역단체, 중간지원조직, 지자체 등이

할 수 있을 것이며, 방식 또한 최소 규칙 마련, 피해 구제제도, 보상 등 다양할 수 있다. 거버넌스가 별것인가. 이 모든 논의가 서로의 충분한 소통을 전제로 이루어지는 것이 바로 효과적인 지역 거버넌스일 것이다.

제7장

농업지향형 창업

사 회 적 농 업 확 산

스마트 농업이라는 말이 유행하고 있지만 현재 진행되는 청년 창농은 스마트 농업이라는 기술적 의미보다는 사회적 농업(Social Farming)으로서의 가치를 더 강조한다.

사회적 농업은 복지 농업, 치유 농업(Care farm), 녹색 치유 농업(green care farming), 건강을 위한 농업(farming for health), 보편적 농업(universal farming) 등의 개념을 포함하는데, 보통은 경제성에 근간을 둔 비즈니스 농업과 다른 농업 방식을 의미한다. 한국농어촌공사와 농어촌자원개발원은 '사회적농업 온라인포

털'*에서 사회적 농업을 "사회적 약자를 포용하는 '사람' 중심의 농업"으로 정의하고 있다.

사회적 농업의 원형을 형성하고 있는 유럽에서는 돌봄과 고용 수단으로서 그 의미를 강조한다. 농업 자원을 활용한 돌봄·교육 서비스 및 취약계층 고용이라는 복지의 의미가 강하다.

1978년 이탈리아에서 시작되어 1990년대 유럽에 확산하기 시작한 사회적 농업은 2010년대 초반부터 우리나라 정책에도 적용되기 시작했다. 경기도는 2015년부터 사회적 농업 지원을 전국 최초로 시작했고, 2016년부터는 농사체험 붐이 일어났으며, 많은 지자체에서는 사회적 농업의 가치를 포함한 조례를 제정하고 있다.

2017년에는 (40세 미만) 청년 창업농 1,200명에게 월 100만 원씩 최대 3년간 지원하여 2020년까지 청년 창업농 1만 명을 육성한다는 정책이 발표되었다.

농림축산식품부(이하 농식품부)는 2018년부터 사회적 농업 지원사업을 시작했다. 당시 한국협동조합연구소가 추정하는 농촌 지역 사회적 경제조직 수는 2017년 기준 5,000여 곳이었는데

---

*https://www.socialfarm.kr

〈그림 8〉 사회적 농업 활성화 지원사업 참여농장 현황(2022. 2. 28. 기준)

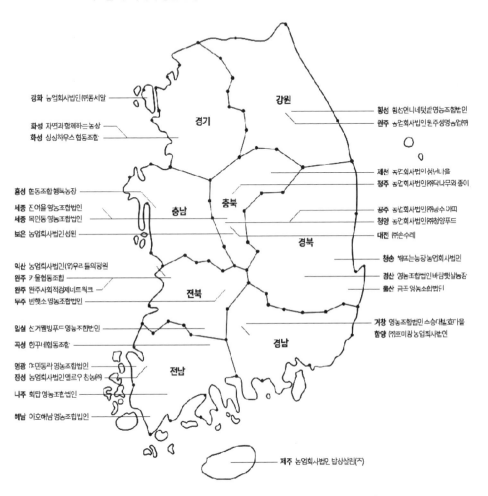

강화 농업회사법인㈜촌서알
화성 자연과함께하는농상
화성 싱싱하우스 협동조합
홍성 흗동조합 행복농장
세종 조어을영농조합법인
세종 목인동 영농조합법인
보은 농업회사법인 성원
익산 농업회사법인㈜우르 들의정원
완주 ㄱ 울협동조합
완주 완주사회적경제네트워크
무주 반햇소 영농조합법인
임실 소거웬빙푸드 영농조합법인
곡성 한꾸네협동조합
영광 노민동라 경농조합법인
장성 농업회사법인 엘르우 촌농㈜
나주 회답 영농조합법인
해남 이호해남 경농조합법인

경기
강원
충남
충북
전북
경북
전남
경남

횡성 횡성언니네텃밭길 영농조합법인
원주 농업회사법인 원주생명농업㈜
제천 농업회사법인 섬너나들
청주 농업회사법인㈜다나무와 종이
광주 농업회사법인㈜상수 미띠
청양 농업회사법인㈜청양푸드
대전 ㈜손수레
청송 해뜨는농장 농업회사법인
경산 영농조합법인 바람햇날농장
울산 금프 엉농소외법이
거창 영농조합법인 스승대놀이마을
함양 ㈜흐미랑 농업회사법인

제주 농업회사법인 답상살림(자)

* 출처: https://www.socialfarm.kr/socialAgriculture/socialFarmConceptCall.do

농식품부는 이 가운데 영농 활동을 기반으로 하는 1,400여 곳이 사회적 농업을 실천할 수 있는 조직이라고 평가했다.

2020년부터 사회적 농업지원 사업이 더욱 본격적으로 진행되어 '사회적 농업 활성화'를 위해 '사회적 농업 협의체'를 구성하고 9개 사회적 농업 시범사업 대상자를 선정했다. 2022년 2월 28일 현재 최대 6천만 원, 최대 5년 동안 지원받는 농장은 전국 30곳에 이른다(〈그림 8〉 참조).

개인 경작에서 콘텐츠 창농으로

한편, 큰 틀에서는 사회적 농업이라고 볼 수도 있지만 청년 창농의 모습은 훨씬 더 다채롭다. 정부나 기존의 농업 분야에서 강조하는 사회적 경제 중심의 사회적 농업과는 결이 다른 창업이 진행되고 있다.

이들은 농업을 매개로 한 다양한 목적의 창농과 자연가치 회복 등 사회적 가치를 강조한다. 청년 창농이라면 농사만 짓는 것을 생각하지만 청년들은 농사도 가치 있다는 것을 알리고 싶어 하고, 그런 고민을 공감하고 교류할 수 있는 친구 창농인을 만들고 싶어 하며, 농산품을 소재로 한 콘텐츠 개발로 농산품에 대한 친근감을 높이고 싶어 한다.

진주의 토마토 생산 및 콘텐츠기획기업 힙토(HIPTO)의 박지현 대표는 대추방울토마토 농사를 짓는다. 농사라고 하면 온종일 밭에 머물러 있을 것으로 생각하지만 한낮의 뙤약볕에서 농사를 짓기는 불가능하다.

박 대표도 새벽에 일어나서 오전 내내 그리고 오후에 농사를 짓지만 그 외의 시간에는 토마토를 소재로 한 콘텐츠를 제작하고, 전시회도 연다. U턴한 후계농으로서 훨씬 더 큰 규모의 농사를 짓는 부모님이 계시지만 부모님의 방식을 그대로 답습하기보다는 자신만의 콘텐츠를 생산하여 유통하고자 한다.

농업을 한다고 하면 당연히 농사짓겠구나, 일이나 하겠지라고 생각하는 게 너무 싫었어요. 그런 고정관념이 너무 싫은 거예요.

그래서 이걸 조금 깨보자. 농업도 힙할 수 있다, 멋있을 수 있다는 걸 좀 보여주면서 농부라는 직업의 가치를 올리고 싶었어요. 제가 잘할 수 있는 걸 더해서 좋아하는 걸 하면서 농부라는 직업의 가치를 제고시켜보자는 포부가 있었죠.

그런데 토마토를 재배해서 팔기에는 저도 차별화가 안

돼 있는 거예요, 제 농장 자체가. 그래서 콘텐츠 중심으로 캐릭터로 만들어서, 저 대신 캐릭터가 나와서 '우리 토마토는 이렇게 이렇게 해서 맛있어요'라고 보여주면 좀 더 소비자들의 눈길을 끌 수 있지 않을까 하는 생각에서 힙토를 시작했어요.*

부모님을 계속 보고 자라왔기 때문에 대학교에 가기 전까지만 해도 부모님이 하시는 게 정답인 줄 알았어요. 그런데 대학을 나오고 사회생활을 하면서 세상을 보니 부모님과 주변 농가분들의 삶은 옛날이랑 현재랑 미래가 똑같을 것 같다는 생각밖에 안 들더라고요. 농사지어서 도매시장에 넘기고 그 돈으로 애들 뒷바라지하면서 말이죠.

그걸 보면서 세상이 이렇게 많이 바뀌고 있는데 왜 더 발전을 못 하실까, 계속 갇혀서 일만 하셔서 그런 거 아닐까 하는 생각이 들더라고요.

저는 대곡면을 기반으로 농가분들과 협력해서 이 지역을 많이 알리고 싶고, 진주에서 이렇게 많은 농산물이 나온다는 것도 알리고 싶어요. 사실 아무도 모르실 거예요. 실제

---

*박지현(힙토 대표)

로 경남이 전국 농가 소득 꼴찌거든요.

　이런 문제도 좀 해결해보고 싶고, 진주가 농산물이 정말 좋은 지역이라는 거를 일단 많이 알리고 싶어요. 그래서 저는 계속 진주에 있되, 서울이나 부산 이런 데 가서 진주를 소개하고 싶어요.[*]

힙한 토마토라는 의미의 토마토 브랜드 '힙토'의 이념은 'Agriculture can be cool, hip and young'이다. 촌스럽다는 농업의 고정관념을 깨고 농업도 매력적이고 젊을 수 있다는 인식을 제기했다.

　휴대폰 거치대, 엽서, 스티커 등 힙토만의 굿즈를 제작했고, 전통시장 한편의 작업실이 있는 청년몰에서 농사·음악·미술을 결합한 전시회도 열었다.

　어쨌든 농산물의 첫 번째 가치는 맛이에요. 제가 아무리 브랜딩을 잘하고 콘텐츠를 잘 만들어도 맛이 없으면 계속 소비되기 힘들죠.[**]

---

[*] 박지현(힙토 대표)
[**] 박지현(힙토 대표)

박 대표는 앞으로 토마토 외에도 다양한 농산물 캐릭터를 제작할 계획이며, 그렇게 농업의 이미지가 바뀌어서 언젠가는 청년들이 창업하고 싶은 1순위가 농업이 되면 좋겠다고 말한다.

로컬푸드와 가공식품 창농

스마트스토어에는 이미 많은 로컬푸드와 가공식품이 판매되고 있다. 그러나 그 각각의 상품과 판매자가 가진 다양한 속 깊은 사정은 잘 알려지지 않았다.

새참곳간(산청, https://smartstore.naver.com/saecham-store)의 이다혜 대표는 산청에서 곶감과 가공식품을 판매한다. 농협미래농업지원센터가 운영하는 청년농부사관학교 1기를 수료했고, 2019 경남창조경제혁신센터 로컬크리에이터사업 최우수상을 받았다.

부모님을 따라와서 살았지만 산청을 잘 몰랐어요. 어리잖아요. 지역에 뭐가 있는지 잘 보이지 않았어요. 그냥 회사 다니고 그냥 그렇게 지내다가 특산물인 산청 곶감을 우연히 먹게 됐죠.

있다 보면 먹게 되잖아요. 그런데 제가 곶감을 그렇게 좋아하는 편이 아닌데도 너무 맛있는 거예요. '왜 서울에는 이런 게 잘 안 보였지' 싶었어요.

처음에는 그냥 사무직을 하면서 주변 사람들한테 팔아봤어요. 생각보다 반응이 괜찮은 거예요. '반응이 괜찮으니까 해볼 만하겠다. 나도 맛있다고 느꼈는데.' 이러니까 그제야 농촌에서 할 수 있을 만한 게 하나둘 눈에 좀 보이는 거예요.

이제까지는 그냥 남이 주는 월급을 받아서 생활했다면 인제는 여기서 내가 뭔가 해볼 수 있을 만한 걸 발견한 거죠.[*]

이 대표가 산청곶감에서 찾은 것은 브랜딩의 필요성이었다. 공판장에 헐값에 내놓지 않으려면 직판을 해야 하는데 그러자면 자신의 콘텐츠가 있어야 한다는 문제의식이었다.

나이 많으신 분들은 공판장에 내세요. 제일 쉬운 방법이니까요. 한 번에 처리할 수 있고, 한 번에 목돈이 들어오죠. 반면 헐값에 넘기게 돼요.

---

[*]이다혜(새참곳간 대표)

나이가 좀 젊으신 분들은 다 직판하세요. 많이 남으니까
요. 대신에 그만큼 자기가 뭔가 콘텐츠를 만들어내야 하
죠.*

농촌이든 어디든 기존의 강한 힘들의 긴장이 존재하고, 그
구조 속에 새로운 사업자로서 청년이 등장하면 일단 염려하며 만
류하게 마련이다.

사실 제가 곶감을 팔 거라고 처음에 말하니까 어른들은
힘든데 왜 하려고 하느냐고 말리셨어요. "그냥 시집이나 가
지 왜 힘든 거를 하려고 하냐"라고 하셨죠. 시집가면 안 힘
드냐고 반문하고 그랬어요.
이제는 제가 워낙 확고하게 그냥 하겠다고 하니까 태도
가 좀 변하셨어요. 지금도 약간 반신반의하시는 것 같긴
한데 그래도 계속해서 이런 걸 하려고 하나라고 생각해주
시는 깃 같고 또 많이들 도와주세요.**

---

*이다혜(새참곳간 대표)
**이다혜(새참곳간 대표)

물론 이런 염려를 도움과 지지로 바꾸는 것도 지역에서 자립하기까지 필요한 과정일 수 있다. 이 대표는 느닷없는 귀농·귀촌은 불가능하다고 강조한다.

귀농·귀촌에 대한 강의에 가면 꼭 강조하는 내용은 '대뜸 내려와서 뭐 할 생각 마라'예요. 저는 그걸 쿠션 기간이라고 부르는데, 약간 완충할 수 있는 그런 기간은 분명히 필요해요.

최소 1년에서 3년 정도는 여기에서 기존에 하던 일을 좀 하면서 사무직이든 제조업이든 아니면 단순히 내 노동을 팔아서 하든 다른 사람한테 월급을 받으면서 일을 좀 배우고, 주변 사람들도 많이 알아놓은 상태에서 시작하는 게 맞아요.

와서 한 1년 있다가 갑자기 대출받아서 크게 하우스 시설을 만드는 경우는 거의 70-80% 망하는 것 같아요…

저는 여기에서 직장생활을 했던 게 큰 도움이 되었어요. 나를 아는 사람들과 내 또래의 주변 사람들이 좀 있는 게 정착하는 데 아주 많은 도움이 되는 것 같아요.[*]

---

[*]이다혜(새참곳간 대표)

다른 산업 분야처럼 농업 분야도 엄청 치열하다. 농산품이 가공품이 되면 더 부가가치가 높다.

도토리만 팔면 10원인데 도토리를 가루로 내면 좀 더 많이 1,000원을 받을 수 있고, 도토리묵으로 만들면 10,000원 받을 수 있어요. 그런 거니까 청년 농업인도 더 신경을 많이 쓰고, 엄청나게 공부를 많이 해요. 농업 분야도 되게 치열해요.*

지역에 기여하는 것이 무엇이냐고 물었을 때 이 대표는 자기로 인해 다른 사람도 이 지역으로 오게 되면 좋겠다고 말했다.

제가 여기 산청에 큰 부를 안겨줄 수는 없어요. 다만 저같은 젊은 사람이 들어올 수 있는 인프라를 만들어나가는 게 제가 할 몫이라고 생각해요. 저 사람도 했으니 나도 할 수 있겠다고 생각해주면 좋겠어요.*

---

*이다혜(새참곳간 대표)
**이다혜(새참곳간 대표)

창농 커뮤니티

1인 창농이 아니라 모여서 사업하는 창농 커뮤니티도 있다. 각자 하는 농업과 직종이 있지만 커뮤니티를 형성하고 있다는 의미다. 농산지의 지리적 특성상 멀리 떨어져 지내는 경우가 많은데 커뮤니티를 형성하면 또 다른 경험과 사업을 공유할 수 있다.

가공농산품 온라인 판매 기업 ㈜숲속언니들 농업회사법인 (함양, https://smartstore.naver.com/forest_unnie)은 박세원 대표 및 2008년부터 2021년까지 귀농·귀촌한 총 여섯 명의 여성이 구성원이다.

숲속언니들은 지역의 건강한 먹거리를 온·오프라인에 소개하고 지역문제를 함께 고민하며 더 나은 지역을 만들고자 한다. 귀농·귀촌을 하면 농사를 짓지 않아도 다양한 일거리를 가지며 도시 못지않은 삶을 살 수 있다는 것을 보여주고자 한다.

이 회사의 박세원 대표는 귀농한 부모님을 따라 함양에 왔기 때문에 U·J·I턴 기준으로 보면 J턴 정도에 해당한다. 고향이 아닌 다른 지역으로 온 경우이다.

박 대표가 일을 시작하려고 했을 때 모든 과정이 술술 잘 풀린 것은 아니었다. 처음에는 도시보다 함양의 분위기가 좋았는데, 정착하여 일하다 보니 지역행정을 이해하고 적응하기 힘들었다.

이주자여서 그랬다기보다는 누구나 행정을 처음 접할 때의 어려움이 있었다고 보는 것이 더 적절할 것이다.

> 서울에 있다가 도시가 싫어서 내려왔어요. 도시의 문화를 즐기는 편이 아니어서 오히려 여기가 더 낫다는 기분이 들었어요. 어렸을 적부터 살기도 했고 조금 뻥 뚫린 그런 느낌이 좋았죠.
> 와서 살다 보니 행정적인 부분들이 좀 힘들었어요. 사업을 시작하면서 관에 찾아갈 일이 많았는데 조례의 내용과 실제 적용 과정 등을 이해하기 힘들었어요.[*]

그러던 박 대표가 지역에서 실감한 것은 스스로의 주도성이었다. 힘들지만 다른 사람들과 일을 해나가면서 느리더라도 하나씩 성취하고 자신의 역할을 찾아 나가는 과정에서의 만족감이다.

사실 많은 청년 창업자들이 지역 생활에서 강조하는 것이 이 부분이다. 도시의 거대한 조직의 구성원으로서는 실감하기 어려웠던 감정을 스스로 지역살이를 해나가면서 느끼게 되는데, 가장 크게 실감하는 것이 자신의 주도로 일이 진행되는 것에 대한 성취

---

[*] 박세원(숲속언니들 대표)

감이라는 것이다.

문화콘텐츠를 전공했기 때문에 기획이나 문화적 발전에 관심이 많았어요. (귀농하신) 어머니랑 함께 생활하다 보니 제가 필요한 부분이 많더라고요.

상품 로고도 새로 바꿔드리고, 명함처럼 작은 것부터 하다가 보니까 어느새 제가 할 수 있는 일이 많아지더라고요. 그래서 내가 엄마랑 같이 있어도 뭔가 할 거리는 있겠다 싶어서 같이 일하게 되었어요. 내가 주도적으로 할 수 있는 부분이 생긴 것도 좋았어요.[*]

숲속언니들은 통상적인 창농과는 좀 다른 기획을 하고 있다. 우선 지역을 알리고 그 과정에서 사람들이 함양을 알고 찾고 이해하게 되기를 바란다. 그저 많은 사람이 와주면 좋겠다는 일방적인 투어리즘이 아니라 서로 소통하는 지역이해관계를 원하는 것이다.

---

[*]박세원(숲속언니들 대표)

〈그림 9〉 숲속언니들이 운영하는 '놀러와 지리산' 서비스

* 출처: https://nolreowajirisan.modoo.at

저희는 일단 지역에 있는 것부터 알리자. 일단 그 정도를 하고 있어요. 지리산이 함양에 있지만 사람들은 잘 몰라요. 천왕봉 주소도 함양으로 되어 있거든요.*

근데 함양군에는 지리산 다른 권역에 있는 둘레길 관광 안내소도 없어요. 그래서 지리산 권역에 여러 가지가 많다는 걸 먼저 알리고, 그걸로 인해서 오는 사람들이 늘면 또

---

* 지리산 천왕봉의 주소는 3개다(경남 함양군 서하면 다곡리 산132, 경남 하동군 옥종면 청룡리, 전남 구례군 구례읍 계산리).

그분들이 또 홍보해주고 그렇게 해서 계속 유입이 많아지면 살고자 하는 분도 생길 것 같아요.[*]

임업 창농

함양에서 임산물 농장 힐링팜을 운영하는 전수진 대표는 가족과 함께 산양삼을 재배한다. 산양삼은 특수 작물이어서 단순히 온라인으로 판로를 개척하는 것보다는 직접 방문하여 구매하고자 하는 고객을 맞이하는 경우가 많다.

다른 제품들은 그냥 인터넷으로 바로 구매해도 금액이 많지 않으니까 만약에 구매에 실패했어도 그냥 다음에 딴 거 사 먹으면 되지 이러지만, 산양삼은 금액이 좀 크기 때문에 믿을 만한 곳에서 사고 싶다고 생각하는 상품이죠.[**]

창농인으로서 전 대표가 하고자 하는 것은 상품 판로 개척

---

[*] 박세원(숲속언니들 대표)
[**] 전수진(힐링팜 대표)

뿐만 아니라 산양삼을 매개로 방문하는 고객을 위한 교육과 치유 체험 등이다. 부모 세대가 재배에만 전념했다면 청년 세대에서는 또 다른 사업 구상을 해야 생존할 수 있다는 문제의식과도 궤를 같이한다.

> 사실 제가 산양삼만 보고 여기에 들어온 건 아니에요. 나중에는 산양삼 제품도 개발해서 판매해야 하고 저는 체험 교육, 치유 이런 쪽으로도 관심이 있어요. *

후계농에 대해 부모로부터 물려받은 것을 이미 갖고 시작하기 때문에 상대적으로 여유가 있다고 평가하는 경우가 있다. 그러나 후계농의 입장에서도 어려움은 있다. 노하우나 자산을 소유한 부모가 모든 것을 쥐락펴락하며 자신에게 자율성을 주지 않는다는 것이다. 후계농 역시 다른 청년들과 마찬가지로 자유롭지 않다는 것이다.

U·J·I턴을 하지 않은 토착 청년으로서 전 대표 역시 후계농이지만, 부모로부터 자율성이 없다는 고민은 없다. 다만, 다른 농업 분야의 지원은 많은 데 비해 임업 분야 지원이나 이주 청년이 아

---

* 전수진(힐링팜 대표)

닌 토착 청년에 대한 지원이 상대적으로 적다는 지원 소외감이 더 크다. 우리나라에 창농이라는 말은 있지만 임업 분야나 어업 분야의 창업은 극히 드물다는 것도 이런 고민과 맥을 같이한다.

이들 외에도 생산자 플랫폼을 구축한 '농사펀드', 유기농 토마토 및 브랜딩으로 유명한 '그래도팜'(영월, https://tomarrow.com), 감자가공식품 감자빵으로 공전의 히트를 친 '농업회사법인 밭 주식회사'(춘천, https://batt-corp.com), 투어리즘 연계 창농 '와우미탄'(평창)*, 농산물 식음료를 제작·판매하고, 귀농 커뮤니티 활동을 전개하는 '뭐하농'(괴산, https://www.instagram.com/mo-hanong_official)** 등 많은 창농 분야가 있다.

지역 농업에 대한 도발적인 접근을 하는 청년 창농인들은 고달프고 적자투성이고 우울하고 힘든 농업이 아니라 농업의 가치가 중요하며, 농업도 재미있고 유쾌할 수 있으며, 느린 농업 방식이야말로 현대의 속도 전쟁 속에서 빛을 발하는 삶의 가치라고 강조한다.

---

* "지역가치창업③ 자연의 가치를 느끼며 지역을 정주행하다. 지역가치창업 세 번째 이야기―평창 와우미탄."(《비로컬》 2021. 9. 28.)
** "지역가치창업④ 자연의 행복과 채소의 단맛을 전파하는 뜨거운 농부들. 지역가치창업 네 번째 이야기―괴산 뭐하농."(《비로컬》 2021. 9. 28.)

제8장

문제해결형 창업

일방향 캠페인에서 사업으로

2019년 설립한 샐러드 판매업체 와로샐러드는(진주, https://www.warosalad.com)는 보호종료아동의 경제적 자립을 지원한다는 독특한 미션을 갖고 있다. 만 18세가 되면 의무적으로 자립해야 하는 보호종료아동은 경제적 자립이 어려울 뿐만 아니라 대학 진학도 어려운 경우가 많다. 개인적으로 사회 진입 자체가 어려운 것이다.

〈그림 10〉 와로의 크라우드펀딩 성공 사례(2020. 4.)

＊출처: https://www.wadiz.kr/web/campaign/detail/59018

보호종료아동은 사회적기업의 인건비 지원 대상이 되는 사회취약계층에도 속하지 못하는 사각지대에 존재해왔다. 와로샐러드는 이들을 고용하여 교육하고 경제적 자립을 할 수 있도록 지원한다.

사회복지사가 되려고 사회복지학과에 왔는데 막상 현장 실습, 봉사활동을 하면서 아이들을 만났을 때 내가 도움을 줄 수 있는 것에 한계가 있다고 느꼈습니다. 관련 기관들이 보조금으로 운영되는 것도 한계로 보였습니다.

그래서 조금 더 내 개인적인 역량으로 큰 변화를 주고 도움을 주고 싶다는 생각으로 소셜 벤처·사회적기업을 창업했습니다.*

오 대표가 샐러드를 아이템으로 선정한 것은 기존에 자신이 해왔던 치킨집은 기름이나 오븐을 다루기 때문에 초보자에게 위험한 점이 있었고, 때마침 건강식 수요가 증가했던 사회 분위기 때문이기도 했다.

아동들이 매장을 쉽게 운영하는 데는 기름, 오븐 같은 위험한 시설이 없는 카페·디저트·샐러드 쪽이 더 맞겠다고 생각했습니다. 또 당시 트렌드가 건강 수요가 증가하면서 대도시에서는 이미 샐러드가 하나의 문화로 자리를 잡고 있었기 때문에 금방 떴다 가라앉을 만한 아이템은 아니라고 생각했습니다.**

---

*오형래(와로샐러드 대표)
**오형래(와로샐러드 대표)

오 대표는 와로샐러드의 노동자들이 모두 보호종료아동은 아니며, 사회적으로 그렇게 인식되는 것도 원치 않는다고 했다. 그런 문제에 관한 관심도 중요하지만 보다 핵심은 회사의 아이템인 샐러드의 품질과 그로 인해 구현하려는 건강식의 가치라는 것이다.

와로샐러드의 매장은 경남과 청주에 5곳이 있는데, 문화기획형 창업사례로 소개한 소켓처럼 우선 지역 기반을 단단히 다진 후에 수도권으로 진출하려는 전략을 채택하고 있다.

저희 브랜드의 콘셉트나 추구하는 방향성은 단순히 샐러드 매장을 운영하는 것이 아니라 건강한 지역사회를 만들자는 것입니다.

그래서 인력적인 부분에서 보호종료아동이나 학교 밖 청소년에게 관심이 있고, 재료도 지역에서 소비하는 것이 더 의미 있다고 생각해서 지역 농가를 찾아다니며 확보합니다.*

＊오형래(와로샐러드 대표)

문제해결을 위한 데이터 창업

2020년 경남형 예비사회적기업으로 선정된 작은시선(진주)은 무장애이동권을 구현하기 위한 데이터 분석 및 모바일 앱을 서비스하는 기업이다.

경상대와 경남과기대 연합창업동아리에서 시작하여 2019년 남강유등축제에서 장애인 시설물 체크리스트 무장애지도를 제작했고, 『휠체어 사용자도 함께하는 남강유등축제』라는 소책자도 제작했다. 2020년 사회적기업가 육성사업에 참여했고, 2021년 청년창업사관학교에도 참가했으며, 각종 공모전에서 수상한 바 있다.

장애인 문제를 해결하기 위한 창업은 많이 이루어져 있는 편이고, 데이터 부문에서도 장애인 문제 및 이동권 해결을 위한 창업이 이루어지고 있다. 그러나 여전히 해결은 잘되지 않고 있다. 작은시선 역시 그러한 문제의 해결을 위해 뛰어들었다.

공모 대회를 나가려고 자료를 찾다가 뉴스 기사를 하나 봤어요. 장애인분들이 어디 놀러 가기도 힘들고, 카페를 가고 싶어도 두세 시간을 돌아다녀야 하고, 그와 관련된 정보도 얻기 힘들다는 뉴스였습니다. 뉴스는 정부와 지자체

차원의 노력이 이루어져야 한다고 했습니다.

제가 생각할 때 그런 문제가 그렇게 해결하기 어렵지 않은 문제인 것 같았어요. 그래서 그날 밤에 솔루션을 만들어서 그 솔루션을 기반으로 지금까지 오게 됐습니다.[*]

조 대표는 시혜적인 방식으로 장애인을 '위한' 서비스라는 콘셉트로 사업을 하는 것이 아니라고 말한다. 사람들이 장애인을 보고 이동환경의 어려움을 인식할 수 있으려면 장애인이 이동하는 모습 자체를 볼 수 있어야 하는데 그렇게 집 밖으로 나올 수 있도록 지원하는 것이 작은시선 서비스의 역할이라는 것이다. 이런 사고방식은 기존의 시혜적인 캠페인과는 다른 접근 방식이라고 평가할 수 있다.

서비스를 만들 때 가장 중요시하는 게 무장애, 배리어 프리(barrier free) 장애인, 이런 단어는 절대 못 쓰게끔 합니다. 그냥 똑같이 일상을 살아가는 사람으로 대우하고 거기에 대해 서비스하는 비용을 받을 수 있어야 한다고 봅니다.

휠체어 사용자가 스스로 장애인이라고 생각하고 움츠러

---

[*]조준섭(작은시선 대표)

들 것이 아니라 적극적으로 길에 나와야 합니다. 그 사람이 불편해하는 거를 보고 사람들의 인식도 바꿔어야 합니다.

터널에서 앰뷸런스가 지나가는데 차들이 홍해처럼 나뉘어 길을 내준 영상이 이슈가 되고 나서 요즘에는 앰뷸런스가 지나면 다 비키죠. 그런 것들이 시작이거든요.

사실 장애인들이 힘들어도 일단 나와서 그런 걸 보여줘야 한다고 생각해요. 나올 수 있게끔 도와주는 건 저희가 서비스하는 거고요.*

지역창업 현실이 열악하긴 하지만 한편으로는 특정 여건이 갖춰지면 지역창업의 이점이 있다. 특히 지역 내에 유사한 기업이 별로 없는 경우에는 지원받을 기회가 더 많기도 하다.

저희는 경남에서 창업해서 더 많은 이익을 본 경우예요. IT 서비스로 지역사회 문제를 해결하고자 하는 기업이고, 저희 서비스에 기본적으로 AI, 앱 서비스도 들어가기 때문에 청년기업이자 사회적기업이기도 합니다. 이런 기업이 경남에 그렇게 많지 않다 보니 여러 기관에서 도움을 많이 받

---

*조준섭(작은시선 대표)

을 수 있었습니다.*

작은시선이 보건복지부와 연계하여 제작한 장애인 편의시설 이용 앱 '윌체어'(2011. 11. 11. 런칭. http://willchair.co.kr)는 무장애여행을 목표로 하는 무장애지도이다. 작은시선은 윌체어뿐만 아니라 수익 창출을 위해 무장애 여행 프로세스를 구축할 계획이다.

지역을 알리는 새로운 방식

다른파도(하동, https://www.otherpado.com)는 12명의 청년이 창업한 주식회사다. 비즈니스와 커뮤니티를 운영하며 하동의 카페, 하동의 베이커리, 하동의 코워킹 스페이스, 하동의 무언가를 만든다. 지역을 기반으로 청년이 다양한 가능성을 현실화할 수 있는 생태계를 만들고자 한다.

첫 사업은 지역의 청년창업자를 발견하는 일이었다. 그 결과 하동 내에 존재하는 10개 업체를 발굴했다. 카페하동, 밤톨, 달

---

*조준섭(작은시선 대표)

달하동, 반달곰상회, 카페이즈, 계란김밥, 해뜰목장, 온데이, 살몬, 광평, 요리곳간, 꽃님 레스토랑 등이 그곳이다.

이렇게 '또 다른마을' 공동체 모델을 개발하고, 그 외에 청년 비즈니스 창출, 청년 문제해결, 지역 협업사업을 진행하고자 한다. 청년 친목 단체인 '지리산소멸단'과 청년 동호회 '열정 건강클럽' 등의 커뮤니티도 운영한다,

지리산소멸단은 하동이 소멸하지 않게 하고, 하동 청년의 시선으로 하동의 지역문제를 소멸시키는 것이 목표인 역설적인 네이밍의 커뮤니티이다.

다른파도는 한 달 살기 등의 유행이 지역을 오히려 병원과 같은 역할을 하게 하는 것과 같다는 문제의식에서 수도권을 위해 존재하는 지역이 아닌 지역청년이 떠나지 않고 살 수 있는 지역 만들기를 목표로 한다.

제3부

지역창업의 과제

제9장

지역창업의 특징

지 역 성 표 출

지역창업자의 활동 거점은 지역이고, 지역사회의 필요와 결핍에 주목한다. 즉, 일반 창업처럼 판매와 수익 창출을 목표로 하면서 이에 더하여 지역이라는 가치가 하나 더 추가되는 경우가 많다(모두 그렇다는 의미는 아니다).

일반 창업에서 지역은 기능적인 위치에 국한되는 경우가 많다. 생산 및 물류에 최적지를 찾는 방식 등이 그것이다. 그러나 지역창업은 비즈니스 모델(Business Model, BM)이나 가치사슬에 지역이라는 또 다른 가치를 추가하여 지역이라는 존재를 알리고,

지역의 자원을 발굴하고, 지역을 매개로 사업 정체성을 강화하는 방식을 택한다.

그러나 모두가 지역성을 표출하는 기업형태도 아닌 상황에서 '지역'창업에 대한 적절한 정의가 있는가는 또 다른 문제이다. 즉, 지역창업의 정체성에 대한 분석과 개념 설정은 여전히 이루어지지 않고 있다.

일본에서는 좀 더 본격적인 의미로 지역상사라는 정책을 추진하고 있다. 우리나라의 로컬크리에이터 육성하기*처럼 지역창업자에게 정체성을 부여하고 정부가 이를 육성하는 것이다.

누가 누구를 인위적으로 육성하는 것보다는 스스로 시장에서 자리매김하는 것이 좋지만 이렇게 육성되는 상황만 보아도 소위 지역창업계의 위상이 안정적이지 않다는 것을 알 수 있다.

＊중기부의 제1기 로컬크리에이터는 2020년에 출범하였다.

지역창업의 또 다른 이름,
지역상사

일본에서 (정식화된 명칭은 아니지만) 지역창업을 '로컬 벤처 (local venture)'라고 부르기도 한다.[*] 이외에 새롭게 주목할 만한 개념으로는 일본 내각부가 추진하고 있는 '지역상사(地域商社)' 개념이 있다.[**]

지역상사는 우리말로 번역하면 마을기업일 수 있는데 통상적으로 알고 있는 마을기업과는 조금 의미가 다르다.

일본 정부는 2020년까지 지역상사 100개를 만들겠다는 계획을 제시한 바 있다. 이러한 지역상사 개념에 대해 두 개 기관에서 그 의미를 규정하고 있다.

우선, 2019년 2월, 제2기 마을·사람·일 창생종합전략에서는 "각 지역에는 충분히 알려지지 않은 농산물, 공예품, 전통, 역사, 경관 등 매력 넘치는 자원이 잠들어 있다. 이런 지역 고유의 유일무이

---

[*] 로컬벤처의 개념과 구체적인 사례에 대해서는 牧大介(2018) 참조.
[**] 지역상사에 관한 내용은 あきた経済(2020. 9.)를 참조하여 재구성한 것이다.

한 우수 자원을 갈고 닦아 소비자에게 호소력을 높이고 해외시장을 포함한 판로를 개척하여 지역에 부가가치를 창출하는 일이 중요하다. 지역자원을 활용한 새로운 상품과 서비스 개발, 마케팅, 브랜딩, 판로 개척 비즈니스를 하기 위해 지역 생산자를 한데 모아 기획하는(produce) 주체"가 지역상사라고 밝히고 있다.

또한, 중소기업청(中小企業庁)은 2015년 중소기업백서에서 "전국이 아니라 지역에 밀착하여 자원 발굴, 자원 활용법 검토, 시장 조사, 상품 개발, 판로 개척, 판매 촉진, 판매 정보(기업 정보) 제공 등 지역생산자 활동을 전면적으로 지원하고, 동시에 국내외에 판매하는 기능을 하는 조직"이 지역상사라고 규정했다. 또한 지역상사는 "시장과 가까우면서도 생산자에 가까운 존재여서 양자 간의 징검다리 역할을 한다"라고 밝히고 있다.

말하자면 지역경제를 활성화할 수 있는 종합적 기능을 하는 핵심 주체로서 지역상사를 자리매김하겠다는 이야기이다. 이미 수많은 마을기업이 존재하고 있는데 또다시 새롭게 지역상사 개념을 강조한 것이다.

그러나 일본정책투자은행 리포트는 지역상사에 대해 세 가지 문제점을 지적했다.

첫째, 중간유통단계가 많아서 중간 마진만 늘고 지역 생산자의 수익은 적다. 복잡한 유통단계 속에서 저가로 대량 납품해서는 이익률이 낮고, 소비자와의 온라인 직거래는 판매량이 유동적이라는 리스크가 있다. 때로는 어느 쪽도 아닌 중규모 유통으로 산지와 소비자를 연결하는 것이 효과적일 수 있다.

둘째, 저가·안정·대량 상품에서 탈피하고 소품목·다품종인 지역 상품에 적절한 유통 형태를 갖춰야 한다.

셋째, 생산자와 소비자 간의 정보가 차단된 구조라서 생산자가 소비자의 요구에 소홀하기 쉽다.

보고서는 문제점을 시정하기 위한 대안도 제시한다.

첫째, 부가가치를 높일 수 있는 비즈니스 모델을 갖춰야 한다. 묻혀 있는 자원을 발굴하여, 고품질화·다른 상품과 조합·새로운 소비 스타일 제안 등으로 타 지역 상품과 차별화를 도모해야 한다. 적당한 편집숍에서 애매하게 판매하는 수동적 전략이 아니라 잘 팔리는 것을 만들어 시장을 개척하는 유동적인 전략이 필요하다.

둘째, 판매력을 증진해야 한다. 국내외에 상품과 서비스를 홍보하여 외부로부터 이익을 창출하는 힘을 길러야 한다. 각 상품을 지역의 통일된 브랜드로 묶어 판매하는 것이 이미지 전략으로서도 효과적이고 판매 채널 확보나 물류비 절감에도 유용하다. 물론 반복 구입자[단골, 일본에서는 리피터(repeater)라고 표현]를 확보하는 것도 중요하다.

셋째, 유인력으로 경제순환을 촉진해야 한다. 지역 원자재·인재·기술을 활용하여 지역 소비를 촉진해야 한다. 지역 외부에서 벌어들여도 그 이익을 지역 밖으로 유출하지 말고 지역 내에서 순환할 수 있어야 한다. 이를 위해 지역상사는 가능한 한 지역 사업자를 활용해 상품과 서비스를 제공할 수 있는 네트워크를 구축해야 한다.

이 책에서 지역창업을 일반적이고 보편적인 의미로 정의하는 것은 매우 어렵다. 다만, 지역창업의 정체성이 좀 더 분명해지기 위한 몇 가지 제안을 하면 다음과 같다.

첫째, 전략적 접근이 필요하다. 드라마 〈미생〉의 배경은 종합상사이다. 그야말로 무엇이든 파는 기업이다. 지역창업은 열악한 조건에 처한 지역 현실에서 새로운 기회를 창출하기 위한 모든 일을 한다. 형태는 법인, 주식회사, 비영리단체 등 다양하다.

그러나 적어도 지역창업이라는 이름으로 지역활동을 할 때는 그야말로 누구라도 지속해서 구매할 수 있도록 새로운 방식과 비즈니스 모델을 개발해야 하며 그와 동시에 수익이 기업만 배부르게 하는 데 그치는 것이 아니라 지역에서 순환할 수 있는 전략을 수립해야 한다. 단순한 상업적 이익 극대화가 아니라 지역에서의 이익 공유가 중요하다는 의미이다. 즉, 순환성이 중요하다.

둘째, 연대가 필수적이다. 개별 기업으로서는 수익을 창출하기 위한 비용을 절감하기도 어렵고 지속가능성을 구현하는 것은 더더욱 어렵다. 따라서 같은 처지에 있는 다수의 지역 생산자가 연대하여 상호 보완하는 방식으로 어려움을 극복하고, 함께 수익을 창출하며 이를 지속하기 위해 노력해야 한다. 물론 이러한 네트워킹은 단지 알고 지내며 협력한다는 식의 추상적이고 막연한 연대가 아니라 책임감 있는 리스크 분산과 관리를 포함하는 유기적 연대여야 한다. 즉, 연결성이 중요하다.

셋째, 작동할 수 있는 장치를 지원해야 한다. 본질적으로 중요한 것은 지역창업체를 몇 개 만드는 것이 아니라 업체를 효과적으로 작동시키는 것이다. 한 줌의 성과와 다수의 실패 사례로 극단적으로 양극화하면 성공한 지역사업이라고 평가하기 어려울 뿐만 아니라 극심한 비용 낭비에 그칠 뿐이다. 즉, 지속성이 중요하다.

넷째, 다각적인 학습 기회 제공이 중요하다. 형식적인 일회성 특강으로는 충분한 학습이 어렵다. 그리고 교육은 공급자가 일방적으로 하는 것이 아니라 수강생의 구체적인 니즈를 반영하는 프로그램으로서 소통적 방식으로 구성해야 한다.

또한 교육 대상도 그저 편리한 대로 청년에 한정하는 것이
아니라 지역에 존재하는 모든 행위자를 적극적으로 수용할 수 있
어야 하며, 무엇보다 '지속적으로 배우는 문화'를 만드는 지역에
미래가 있다는 사실을 유념해야 한다. 즉, 포용성이 중요하다.

청년의 주도력

지역창업 초기에는 학교 졸업 후 곧바로 창업하는 사람은 그
렇게 많지 않았으며, 그중 대부분은 사회 경력이 있었다. 창업자
의 다수는 30대 초반을 넘은 연령으로서 —후계농이나 가업을 이
어 재창업하는 창업자도 있지만— 출신지 외 지역에서 학교에 다
니거나 직장생활을 하다가 다시 고향으로 돌아오는 U·J·I턴을
한 사람이 많았다. 기존 노동방식과 직장생활에 번아웃된 5년 미
만 사회초년생의 과감한 전환(turn)으로 지역가치창업이 시작된
것이다.

정년퇴직이란 말이 당연시되던 시기의 은퇴 세대는 퇴직금을
갖고 귀촌했고, 지금은 연금을 받고 있다. 그러나 지역가치창업
을 하는 30대 초반 이후 창업자들은 3-5년 사이의 퇴직금 혹은 종
잣돈으로 지역창업을 시작했다.

최근에는 정부 지원이 많아지면서 그 연령이 다소 내려가고 있다. 창업 기회가 많고 지역체험 기회가 많아지면서 20대 창업자도 늘고 있는 분위기다.

20-30대 연령, 부족한 종잣돈, 이것만으로는 청년 지역창업자를 제3의 주체라고 표현하기에 부족하다. 청년 지역창업자들이 창업하는 이유를 더 설명할 필요가 있다.

청년 지역창업자들은 자신의 주도력을 가장 많이 강조했다. 대도시의 공고한 기업구조 속에서 개인은 수단과 도구로 전락하고, 위계성 속에서 자신의 능력을 발휘할 수 있는 자율성이 실종되는 것에 대한 합리적 대안으로 지역과 창업을 선택하는 것이다.

성공이든 실패든 자기 손으로 해보고 자기 능력과 아이디어를 실현하면서 모든 경험을 온전히 자신의 것으로 성취하는 것, 그것이 청년이 지역창업을 하는 가장 큰 이유다. 그들은 능동적으로 독립창업을 하고 사람들과 함께 지역을 이해하며 어울릴 수 있는 창업을 하고 싶어 한다.

이들은 소비자를 머물게 하는 방식에서도 고민의 방향이 일반 창업과 좀 다르다. 적게 팔아도 좋으니 같이 경험하고 같이 공감해보자는 생각도 깔려 있고, 사람과 지역에 대한 이해를 통해 더 좋은 가치를 창출하고 싶어 한다.

이들이 삶에 만족하는가, 이들의 시도가 성공할 것인가 실패

할 것인가를 성급히 물을 필요는 없다. 그런 것조차 성장을 전제로 한 재촉일 뿐이다. 사회 전체에 그런 질문을 한다 한들 명확히 대답할 수 있는 사람이 없기도 하다.

청년 지역창업가들은 어떻게 사는가를 고민하면서 변화를 체험하고, 다른 가치를 발견할 수 있다는 것만으로도 만족도와 성취감은 물론 사회적 존재로서의 가치를 느낀다.

다주체 지원

지역에 자원과 기회가 부족하다 보니 지역창업을 돕는 기관이 매우 많다. 다주체 지원이 이루어지는 것이다. 벤처 투자뿐만 아니라 정부, 대학, 기업의 지역 투자 및 소셜벤처 투자 등을 통해 지역창업 투자가 진행되고 있다. 이는 은행 융자 혹은 정부의 일시적 투자만 이루어지는 경제생태계 형성구조와는 확실히 다른 방식이다.

일각에서는 청년에게만 그리고 창업에만 이렇게 많은 투자가 이루어지는 것이 타당한가에 대한 비판이 있다. 그러나 (다른 사업에 비해) 그 규모가 그렇게 크다고 볼 수 없거니와 그 정도의 지원을 하지 않는다면 지역에서 처음 무언가를 하려고 하는 사람이 그것을 진행할 방법이 없다. 또한 최소한으로 양보하여 경제적인 투자가치를 보아도 청년의 지역창업과 같은 사회적 투자가 일반투자보다 이익일 뿐만 아니라 좋은 일이라고 생각하는 투자자도 많다.

다만 다주체 지원이라는 특성에서는 좀 더 보완할 것이 많은 것도 사실이다. 그렇게 불안 요소가 많다면 군이 그런 척박한 환경에서 지역창업을 할 필요가 있느냐고 다그칠 것이 아니라 이 시대의 유일한 대안이라 할 수 있는 지역창업이 잘 이루어지도록 함께 노력해야 한다. 한편으로는 그런 노력이 더 나은 사회를 위한 과세이기도 하다는 것을 깨달아야 한다.

우선 중앙정부와 지방정부의 지원은 현장의 현실을 잘 모르는 상태에서 탁상행정만으로 이루어지는 경우가 많다. 일단 일자리를 늘리고 실업률을 해소하며 지역인구 증가에도 기여하려는 대부분의 지원사업은 지원금만 투입하면 단기적으로 성과가 바로 나올 것으로 생각하는 경우가 많다.

그래서 양적 성과 중심으로만 사업을 진행한다. 한편으로 정부조직이 그렇게 할 수밖에 없는 까닭은 세금을 낭비하지 않고 잘 썼다는 것을 증명하는 유일한 방식이 방문자 몇 명, 체험자 몇 명, 교육수강생 몇 명 등등인 경우가 많고 또 그렇게 압도적인 양적 성과가 제시되어야만 기관이 감사를 받지 않고 사업수행 담당

자가 비난받지 않기 때문이다.

그렇게 되면 현장의 창업자들은 정부지원금사업에 대해 의문은 많고 감동은 적은 상태가 되어버린다. 물론 정부사업이 마중물로서 의미는 있다. 아무렴 돈이 없는 것보다야 있는 것이 낫긴 하다. 그러나 감동의 대부분은 '금액 규모'에서 끝난다. 부처별 정부지원사업은 결국 '맛없는 음식을 내놓고 먹어라'라고 하는 것과 같다는 비판도 있다.

또한 정부의 창업지원사업은 주문자 생산방식처럼 사업생태계를 획일화할 가능성이 매우 커져버렸다. 이미 청년창업자들 사이에는 부처별 특성에 맞춘 정부 사업계획서를 정부의 구미에 맞게 작성하는 것이 사업에 선정될 확률이 높다는 의식과 관행이 팽배해 있다.

충분히 지역창업 문화가 형성되기 전에 목표만 들이미는 정부는 청년을 경주마처럼 채근한다. 그 과정에서 사업의 스테레오타입이 굳어지면 그 형식만을 갖추려고 하는 소위 지원금 헌터가 속출하게 되고, 결국 이들에 대한 경계가 행정에 내재되면서 단속과 위반금지 등에 대해 과다한 행정비용이 발생한다. 이것 역시 모두 세금이다.

물론 모든 정부사업이 이렇게 진행되는 것도 아니고, 정부 지원을 받으려면 어떤 식의 고생이든 감수하는 것이 의무라는 의견도 있다. 그러나 청년 지역창업의 본질이 청년의 활동 독려와 지역 사회의 활성화라면 기왕에 추진하는 지원사업의 불필요한 행정 부문은 간소화하고, 위반 시에는 법적으로 사후 처리하는 것이 더 적절할 것이다.

제10장

지역창업 지원의 과제

성과중심주의에서의 탈피

지방자치 30년의 역사를 굳이 들추지 않더라도 지역은 나름대로 환경 개선에 오랫동안 꾸준히 노력해왔다. 제도나 행정적 노력과 함께 경제적으로는 일반 기업뿐만 아니라 사회적기업, 마을기업, 마을 주식회사 그리고 최근의 지역 1인 창업까지 여러 명칭의 지역 사업체들이 수익 창출을 위해 노력해왔다. '지역 내외부에서 수익을 창출하며 지역에 세금을 내는 사업체'를 '지역기업'이라고 한다면, 지역마다 자랑할 만한 지역기업도 꽤 많을 것이다.

수익을 창출하려는 경제적 노력과 다른 맥락에서 최근에는 지역소멸, 인구감소, 청년실업 등의 위기 요인을 강조하며 지역재생사업이 본격화되고 있다. 그러나 지역 자체적으로 문제를 파악하고 대응하는 방식으로 본격화되고 있다기보다는 우리 사회 모두가 처한 문제이니만큼 우선 중앙정부 차원의 움직임이 본격적으로 진행되고 있다.

그 형태는 주로 각종 지원금으로 진행되는 사업이다. 경제 관련 부처는 지역 상권을 살리려고, 인구 관련 부처는 인구를 증가시키기 위해, 문화 관련 부처는 지역문화 창달을 위해 주력하고, 교육 관련 부처는 교육 기회를 확대하려고, 복지 관련 부처는 그 과정에서 소외되는 계층을 챙기고자 한다. 모두 세금으로 진행되는 일이다.

중앙정부의 노력은 지역 현실을 상세히 반영한 섬세한 사업이라기보다는 대체로 지역 전체의 보편적인 수혜에 중점을 둔다. 그러다 보니 수혜의 '효과'로 세금을 낭비하지 않았음을 증명하려고 한다. 누구나 보고 납득할 수 있는 그 증거는 대체로 '양적인 성과'로 표현된다.

즉, 사업의 수혜 지역이 몇 군데였는지, 수혜자가 몇 명이었는지, 새로운 사업을 시행한 결과 얼마큼 수익이 났는지, 얼마나 많은 새로운 공간이 생겼는지, 몇 채의 낙후공간을 새로 고쳤는지 등등 숫자로 사업 노력을 증명해야 하고, 그 결과는 반드시 사업이 이루어지지 않은 시기보다 더 나은 숫자로 증명되어야 한다.

중앙정부 입장에서 보면 그것이 맞는 방식이고 정당한 논리다. 물론 맞는 말이다. 세금을 투입하기만 하고 효과는 별로 없는 '정부의 일'을 납득할 사람은 아무도 없을 테니 말이다. 별로 효과가 없으면 당장 '세금 낭비'라는 공격이 들어올 것이고, 국정 감사의 표적이 될 것이고, 담당 부서는 책임 추궁의 대상이 될 것이며, 나아가 담당 부처는 당장 다음 해 예산이 깎일지도 모른다는 위기감에 좌불안석할 것이다.

중앙정부의 일에서나 지자체로서나 대체로 '정부의 일'은 그런 논리 속에 이루어진다. 결과와 양적 성과가 여전히 모든 평가의 척도로 작동한다. 이런 구조는 어느 나라든 마찬가지일 것이다. 그게 행정이고, 정치고, 제도고, 법의 방식이다.

그러나 바로 이 구조에 전환이 필요한 시기가 왔다. 정부 입장에서는 당연할지 모르지만, 일상을 사는 그리고 새로운 것을 시도하고자 하는 사람들로서는 고개를 갸우뚱하게 되는 경우가 너무 많아졌기 때문이다.

흔히 "결과만큼 과정도 중요하다", "양적 성과와 함께 질적 성과도 같이 평가하는 것이 균형 잡힌 평가다"라고 말을 한다. 문장 자체만으로는 맞는 말이다. 그러나 현실에서 그런 경우를 보기는 정말 힘든 사회이다. '과정도 중요한데 결과가 부실하면 어떻게 해야 할까', '양적 성과는 숫자로 간단히 표현되는데 질적 성과를 누구나 보고 이해하게 하려면 어떻게 표현하는 것이 맞을까', 이내 이런 부분에 의문이 생긴다.

지금 우리 사회는 '얼마나'의 딜레마를 현명하게 극복해야 한다는 큰 숙제를 안고 있다. 먹고살기 힘들던 시절, 때로는 경제가 나름 호황이던 시절에는 어제보다 나은 내일을 눈으로 보여줄 수 있다면 모든 사업 추진은 일단 정당했다. 먹고살기 나아지고, 더 잘살게 된다는데 달리 무슨 이견이 있겠는가.

그러나 지금은 그런 환경이 아니다. 그때는 맞았지만 지금은 그렇지 않은 환경이 되었다고 말하는 이유로는 몇 가지를 들 수 있다.

첫째, 양적 성과를 추구하는 성과우선주의, 성과지상주의가 일정 정도 한계에 처하고 있다. 숫자로만 표현할 수 없는 별의별 일이 지역에서 만들어지고 있다. 중앙정부가 시행하든 지자체가 시행하든 더 많은 성과를 중심으로 사업 대상을 재촉하다 보니 '마른행주 쥐어짜기'식의 성과 만들기 대작전이 시행된다.

속도전만 진행되는 것이다. 일이란 것이 우선 하는 사람이 납득해야 하고, 해서 좋아져야 하고, 무엇보다 하고 싶은 일이어야 하는데 그런 과정을 찬찬히 가늠할 시간이 없다. 일단 사업비가 생길 기회가 1%라도 있으면 주는 쪽이나 받는 쪽이나 마음이

바빠진다. 사업 특성상 1년을 넘겨야 하는 일도 정부사업은 대부분 1년 이내로 회계처리를 마감해야 하니 서둘러야 한다. 정해진 기간 내에 어떻게든 성과를 만들어내야 한다. 융통성 있는 이월과 충분한 기간을 논하면 그 순간 사업 적합 대상에서 멀어진다.

둘째, 성과우선주의로 과정을 너무 많이 도외시해온 폐단이 오랫동안 누적됐다. 성과가 나온 것처럼 '포장'하는 방식에 대한 학습효과가 이루어졌기 때문이다. 질적 성과가 적어도 양적 성과만 많이 나오면 된다는 원칙으로 사업을 추진하고, 심지어 성과가 나오지 않아도 성과가 나온 것처럼 서로서로 '사고방지' 차원에서 협력(?)하는 이상한 상황이 펼쳐진다. 본말이 전도되는 것이 아니라 본말 자체가 실종되어 어디에 있는지도 모르는 상황이 왕왕 발생한다.

셋째, 성과우선주의가 획일적인 사업을 반복해서 양산하고 있다. 이른바 정형화된 스테레오 타입이 있어서 천편일률적인 패턴으로 사업이 추진된다. 정부의 사업지시서는 모두 획일적인 형태이다. 통일성은 있다. 그러나 너무 다 똑같다 보니 그 안에 영혼이 없다. 좋은 말은 쓰여 있는데 와닿는 말이 없다. 훌륭한 소설처럼 임팩트 있게 써야 한다는 의미가 아니라 읽고 나면 '정말 하고 싶은 사업이다'라고 판단할 만한 내용이 별로 없다는 의미다.

언제나 안전한 방식을 추구하며 유려한 문구로 작성되어 있으나, 사업 추진 과정에서 사고가 발생할 수 있는 부분에 대해서는 친절한 안내보다는 잘못하면 처벌받을 것 같은 식의 표현이 앞서고, 사업을 하면 진짜 그렇게 될까 싶은 추상적으로 좋은 가치만 나열되어 있다.

속도전, 성과 위장, 불친절한 획일성 등 많은 부작용이 우려된다. 그러나 그런데도 성과우선주의를 백번 이해하여 성과중심주의는 정당하다고 볼 수 있다. 어쨌든 대부분 사업이 여전히 이런 형태로 지속되고 유지됐으므로 성과중심주의는 여전히 중요하다.

그러나 성과중심주의의 정당성을 주장하는 것의 한편에서는 성과중심주의가 놓치고 있는 것에 대한, 성과중심주의의 폐단에 대한 대답도 준비되어 있어야 한다. 그래서 지금은 '얼마나'의 딜레마에 처해 있다. 지금 우리 사회는 성과중심주의의 폐단을 시정하려는 새로운 대안을 찾아야 하는 시기이다.

현장 밀착형 행정 지원

일본 정부는 2014년부터 본격적으로 지방창생(지역재생)정책을 추진해왔다. '지역부흥협력대(地域おこし協力隊)'란 이름으로 청년 예비 이주자를 지역으로 보내고, 이들을 지원하기 위해 '지역재생 매니저(地域再生マネージャ)', '지역활성화 전도사(地域活性化伝道師)'를 육성하여 지역의 새로운 인력 자원을 확보하고 있다.

'고향납세(ふるさと納税)' 제도 운용으로 지역에 돈을 보내고, '관계인구(関係人口)' 확충으로 지역 응원인구를 늘리고, '로컬벤처(ローカルベンチャー)'나 '지역상사(地域商社)'와 같은 지역창업을 독려하고, 콤팩트 시티(compact city, 압축도시)로 소도시 인프라 집중 구역을 형성하고, 최근에는 워케이션으로 새로운 차원의 지역 방문 바람을 일으키고자 하는 등 여러 종류의 사업을 추진하고 있다.

물론 정부의 이런 움직임이 있기 전에, 구체적으로는 2011년 동일본 대지진 이후로 (정부보다는 현장에 가까운) 민간 활동이 더욱 활성화되고 있는 상태에서 정부의 「지방자치법」 개정이나 각종 지원이 진행되었다고 보는 것이 더 정확하다.

이런 식으로 보면 우리나라의 지역창업 지원이나 지역에 관한 관심은 최근인 것에 비해 일본은 10년 이상 지역재생 관련 움직임이 본격적으로 진행되어 온 것이다.

그렇다고 일본에서 모든 움직임이 모범적으로 이루어졌다는 것은 아니다. 앞서 제기한 개념 하나하나에 많은 논쟁이 존재한다. 또한, 전 세계 어느 사례를 참조하여도 완벽하게 벤치마킹할 수 있는 사례는 존재하지 않는다. 각국의 지역마다 처한 환경이 너무나 다르기 때문에 아무리 좋은 계획이라 해도 그대로 지역에 이입한다는 것은 불가능하다.

다만, 일본의 제도가 경로의존적으로 우리나라에 유입되는 과정에서 개념의 의미를 정확히 알고 정책의 공과를 합리적으로 판단하기 위해서는 위에 제시한 새로운 지역재생사업들이 어떻게 진행되는지 좀 더 살펴볼 필요가 있다.

가장 유념할 것은 지역재생을 위한 총괄적인 정책구조이다. 일본도 완전한 체계성을 유지하고 있다고 보기 어렵지만 적어도 총무성이나 내각부의 정책기조가 분명한 편이다. 그러나 우리나라에는 부처별 경쟁적인 지원만 보이고 총괄적인 차원에서의 지역재생 구조가 보이지 않는다.

교육만 백년지대계가 아니다. 1960년대의 지방자치제도가 1992년에 부활하여 지금까지 30년이 되었는데도 수도권 비대화 증상은 사그라들 기미가 보이지 않고, 지역의 사정은 나아지지 않을 뿐만 아니라 오히려 계속 악화되고 있다. 물론 이 문제에 대한 해결은 매우 요원해 보인다.

근본적으로 작동할 수 있는 지방자치제도 개선에 시간이 오래 걸린다면 일단, 지역재생제도에 대한 철학은 과거의 방식과는 좀 더 다르게 수립되어야 한다는 정책적 공감대가 이루어질 필요가 있다.

특히 청년의 지역창업이 단지 청년이라는 특정 계층과 지역이라는 특정 거점의 문제가 아니라 우리 사회의 삶의 문제이며, 창업 분야 또한 창업만 독려할 것이 아니라 전방위적인 지원이 밀착되어야 하는 부분이라는 정책가치 전환이 이루어져야 한다.

지역재생은 단순히 지역활성화를 의미하는 것이 아니고, 지역을 새롭게 재편성하여 지역의 생존을 도모하려는 것*이라는 의미를 좀 더 분명히 해야 한다.

지방공무원의 자율성 지원

그 안에서 별일 아닌 것 같지만 좀 더 적극적으로 고려해야 할 중요한 부분은 현장 중심 공무원 활동에 대한 믿음과 독려이다. 현행 행정구조상에서 공무원은 사무실 밖으로 나가기 어렵다. 자리를 지키는 것을 미덕과 의무로 여기기 때문이다.

그러나 청년의 지역창업은 지원금을 지급했다고 끝나는 일

＊中山徹(2016: 7)

이 아니라 현장에 가서 많은 것을 지켜보며 함께 의논하는 과정이 필요하다. 사업의 멘토도 존재하고 투자자의 격려도 존재하지만 정부가 관으로서 해야 할 현장에서의 지원이 있고, 이 모든 상황을 파악하려면 현장에 자주 가봐야 한다.

일본에서는 그런 존재를 슈퍼 공무원이라고 부른다. 대부분 탁상행정을 하는 공무원과 차별한 개념이다. 공무원의 역할에 현장 근무는 당연히 들어가 있음에도 굳이 '슈퍼(super)'라고 높이 평가해야만 하는 이 현실이 슬픈 것인데 말이다.

어쨌든 현장과 밀접한, 현장에서 누가 무엇을 하는지 아는, 현장의 소리를 싹 다 들어보겠다고 옹골차게 다짐하는 공무원이 점차 늘고 있는 상황에서 지방공무원의 현장 근무나 업무 자율성의 중요함에 대해 다시 한번 생각해볼 필요가 있다.

행복한 지역은
친구가 필요하다

　이 책은 지역과 청년위기론보다는 6개 지역창업 유형의 함의를 분석하여 제3의 장소인 지역에서 제3의 존재인 청년이 제3의 가치인 지역의 소중함을 강조하며 창업하는 제3의 창업 시대가 시작되고 있다고 분석하였다.

　이런 청년 지역창업은, 다른 사람들은 비행기를 타고 기차를 타고 배를 타고 목적지를 향하는 것과는 다르게, 마치 순례길을 걷는 것과 같다. 속도도 그렇게 빠르지 않고 눈치 빠르게 짜임새가 있는 것도 아니다. 일각에서는 위장 로컬(local washing)처럼 기만적인 창업자들이 가치와 방식이

부적절한 창업을 하면서 '청년이다'라며 나서는 부적절한 일도 있다.

지역창업만 고귀하며 의미가 있는 것도 아니고, 청년이 하는 일이라고 다 옳은 것은 아니라는 말이다. 다만, 사람들 대부분이 대도시권 밖의 지역은 잘 알지도 못하고, 시골을 그저 목가적이거나 삶이 피곤한 지역으로 여기며, 대도시권 내부의 지역은 아예 지역으로 인지조차 되지 않는 상황에서, 삶의 거점을 올곧게 직시하고 황무지인 지역에서 시작하려는 사람들은 그 자체로 인정해도 된다는 것이다.

지금 지역의 창업 현실은 낙타가 바늘구멍을 통과하는 정도의 난도가 아니라 아예 없는 구멍을 스스로 만들어야 할 정도로 척박한 상황이다. 또한 지역마다 고유의 규칙과 사회 분위기가 있기에 청년 창업자는 그런 조건을 이해하고 거기에 자신의 가치를 더하는 방식을 계속 고민해야 한다. 그 조건을 감으로 알든 생활하면서 처절하게 깨닫든 깊이 고민해서 알아내든 조건의 내용은 매우 어려운 것이지만, 자신이 그 지역에 가서 무엇이든 나아질 것이라는 기대감, 의지, 능력이 있기에 지역창업을 하는 것이다.

루저(loser)는 그 자리에 남아 아무것도 하지 않는 사람이다. (실패든 성공이든) 능동적인 시도를 하는 사람을 루저라고 평가할 수는 없다. 오히려 창조적 파괴와 모색을 하는 개척자로 평가해야 한다.

이유야 많겠지만 기존 경쟁 규칙의 균열과 다양한 가치관의 형성이 지역의 매력에 힘을 더하고 있다. 지역에 대한 부정적인 의미가 아무리 공고하다고 해도 지역 앞에 붙는 수식어가 구체적으로 달라지면 좀 더 좋은 의미로 받아들여질 수 있다.

지금처럼 ○○도 ○○시 ○○면과 같은 무미건조한 행정명칭이 지역의 삶을 대표할 수도 없고, 행정구역 경계를 지날 때마다 보이는 커다란 표지판의 표현처럼 '행복이 가득한 ○○', '사랑이 넘치는 ○○'와 같은 공허한 수사가 지역을 적절히 수식한다고 보기도 어렵다. 좀 더 즐겁고 의미 있고 매력적인 지역 수식어가 붙으면 그 지역은 꽤 살 만한 지역이 될 것이라는 의미이다.

물론 기존 경쟁 규칙의 균열이 진행되고 있다고 하더라도, 어느 날 갑자기 새로운 공존의 규칙이 등장하는 것은 아니다. 진화란 그런 것이다. 끊임없이 삶에 적응하는 과정이다.

적어도 이전 시대와 다른 창업이라면 창업이 그 자체의 목표로 외딴섬처럼 앙상하게 둥둥 떠 있는 것이 아니라 사회관계, 나와 우리의 삶, 그리고 미래의 삶 속에 유기적으로 녹아드는 하나의 분야로 자리 잡아야 한다.

지금 해야 할 것은 진짜 원하는 지역의 모습에 대한 구체적인 상상이다. 누가 어떤 모습으로 관계를 형성하며 살고, 무엇을 먹고 살고, 어떻게 돈을 벌며, 무엇보다 지역사회의 분위기는 어떠해야 하는가를 생각해보는 것이다.

과거의 실수를 반복하는 악순환이 아니라 어떻게 선순환을 이룰 수 있는가에 대한 고민을 시작해야 한다. 청년이 기존 구조 속의 부분집합이 아니라 대표이자 팀으로서 전면에 나올 수 있는 활기찬 사회가 필요하다. 그러기 위해서는 인구소멸·청년위기와 같은 증상만 보고 대증(symptomatic) 요법을 실시할 것이 아니라 본질적인 문제를 찾아서 체질 개선을 위해 노력해야 한다.

"행복한 사람은 친구가 필요하다"라는 아리스토텔레스의 말은, 지금 이 시대에는 "행복한 지역은 친구가 필요하다"라는 말로 새롭게 적용될 필요가 있다.

참고 문헌

Harry S. Dent Jr. 2014. *The Demographic Cliff: How to Survive and Prosper During the Great Deflation Ahead*. Portfolio. (권성희 역. 2015. 『인구 절벽이 온다: 소비, 노동, 투자하는 사람들이 사라진 세상』. 서울: 청림출판).

R. Oldenburg. 1989. *The Great Good Place*. New York: Marlowe&Company. (김보영 역. 2019. 『제3의 장소: 작은 카페, 서점, 동네 술집까지 삶을 떠받치는 어울림의 장소를 복원하기』. 서울: 풀빛).

Paul Wallace. 1999. *Age quake: Riding the Demographic Rollercoaster Shaking Business, Finance, and Our World*. UNKNO.

Uchida Tatsuru 편. 2018. 人口減少社會の未來學. 文藝春秋. (김영주 역. 2019. 『인구감소사회는 위험하다는 착각: 저출산, 저성장 시대를 맞이하는 미래세대를 위한 처방전』. 서울: 위즈덤하우스).

松下慶太. 2019. 『モバイルメディア時代の働き方』. 勁草書房.

吉川洋. 2016. 人口と日本經濟 長壽, イノベーション, 經濟成長. 中央公論新社. (최용우 역. 2017. 『인구가 줄어들면 경제가 망할까: 맬서스부터 케인스, 슘페터까지 다시 배우는 인구의 경제학』. 서울: 세종서적).

中山徹. 2016. 人口減少と地域の再編 地方創生. 連携中樞都市圈. コンパクトシティ. 自治体研究社. (김선희·민범식·서민호. 2020. 『인구감소와 지역재편: 지방창생, 연계중추도시, 컴팩트시티』. 세종: 국토연구원).

木下斉. 2021. 『まちづくり幻想: 地域再生はなぜこれほ

ど失敗するのか』. SBクリエイティブ. (윤정구·조희
정 역. 2022. 『마을 만들기 환상: 지역재생은 왜 이렇게까
지 실패하는가』. 서울: 더가능연구소).

澤田幌宏. 2021. 『東京を捨てる: コロナ移住のリアル』.
中央公論新社.

石山恒貴 著·編集. 2019. 『地域とゆるくつながろう! サ
ードプレイスと関係人口の時代』. 静岡新聞社. (윤
정구·조희정 역. 2022. 『장소의 진화: 로컬, 제3의 장소와
관계인구』. 서울: 더가능연구소).

田中輝美. 2017. 『関係人口をつくる: 定住でも 交流で
もない ローカル イノベーション』. 木楽舎. (윤정
구·조희정 역. 2021. 『인구의 진화: 지역소멸을 극복하는
관계인구 만들기』. 서울: 더가능연구소).

牧大介. 2018. ローカル ベンチャー: 地域にはビジネス
の可能性があふれている. 木楽舎. (윤정구·조희정
역. 2021. 『창업의 진화: 로컬벤처와 지역재생』. 더가능연
구소).

공유를 위한 창조. 2021.『아웃도어 아일랜드 180일의 기록』. 공유를 위한 창조.

국세청 보도자료. 2017. 9. 27. "국세통계로 보는 청년창업 활동."

류석진·조희정·기현주. 2021.『서울에서 청년하다』. 서울: 더가능연구소.

류석진·조희정·정현미. 2021.『로컬에서 청년하다』. 서울: 더가능연구소.

박은진·박정일·손유진. 2020.『커뮤니티 공유공간 가이드북 @거제 장승포』. 공유를 위한 창조.

박은진·박정일·손유진·이효원·이세원·박수진. 2021.『살고 싶은 동네로의 시작』. 공유를 위한 창조.

이상호. 2018. 7. "한국의 지방소멸 2018: 2013-2018년까지의 추이와 비수도권 인구이동을 중심으로."(《고용동향브리프》7월호: 2-21.)

전북도 대도약청년과 보도자료. 2022. 1. 24. "전북도, 함께인구 확보 위한 인구정책 패러다임 제시."

중소벤처기업부. 2022.『2022 창업지원사업』.

중소벤처기업부. 2022. 1. 4. 「2022년 창업지원사업 통합공고」.

중소벤처기업부 공고 제2022-93호. 2022. 1. 27. 「2022년 지역기반 로컬크리에이터 활성화 지원 (예비)창업기업 모집공고」. p. 12.

행정안전부 보도자료. 2022. 2. 8. "연 1조 지방소멸대응기금, 인구감소지역에 집중 투자한다."

"활력인구·귀촌유도·기본소득··· '인구 늘리기' 묘수 짜내는 지자체."(《한겨레신문》 2022. 2. 28.)

"청년창업 정부 지원 양극화, 스타트업에만 돈 쏠렸다."(《한겨레신문》 2022. 2. 23.)

"[로컬의 지속가능성(3)] 일본의 지역재생① 지역을 좋아하고 응원하는 '관계인구'."(《비로컬》 2021. 9. 30.)

"지역가치창업③ 자연의 가치를 느끼며 지역을 정주행하다. 지역가치창업 세 번째 이야기—평창 와우미탄."(《비로컬》 2021. 9. 28.)

"지역가치창업④ 자연의 행복과 채소의 단맛을 전파하는 뜨

거운 농부들. 지역가치창업 네 번째 이야기—괴산 뭐
하농."(《비로컬》 2021. 9. 28.)

"리얼브릭, 현실감 있는 실소재 미니어처 만나보세요."(《조
선일보》 2021. 5. 24.)

"진주시 망경동 문화공동체 '도시달팽이' 우수사례 선
정."(《경남도민신문》 2020. 12. 15.)

한종호. "규모의 경제 아닌 범위의 경제로, 로컬기업의 새로
운 경제 문법."(《더나은미래》 2020. 12. 1.)

"세월 머금은 골목길에 사람 향기 물씬."(《경남도민일보》
2020. 6. 29.)

최정순 재주상회 편집장. "한 번에 만 부, 찍으면 완판, 제주
에서 가장 유명한 매거진."(《오마이뉴스》 2020. 1. 6.)

"사회·경제 문제가 다 내 탓? '인구'는 억울하다."(《경향신
문》 2019. 1. 7.)

제3의 창업 시대: 로컬, 청년, 사회

제3의 창업 시대
로컬, 청년, 사회
ⓒ송인방·조희정·박상혁

초판 1쇄 발행 2022년 4월 20일
초판 2쇄 발행 2023년 1월 20일

지은이 송인방·조희정·박상혁
펴낸이 서복경
기획 엄관용
디자인 와이겔리

펴낸곳 더가능연구소
등록 제2021-000022호
주소 04003 서울특별시 마포구 잔다리로 111(서교동), 401호
전화 (02) 336-4050
팩스 (02) 336-4055
이메일 plan@theposslab.kr
인스타그램 @poss_lab

ISBN 979-11-975290-7-8 03300